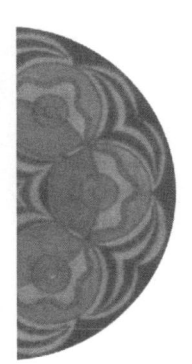

ARQUÉTIPO DO
APOCALIPSE

CB052666

Dados Internacionais de Catalogação na Publicação (CIP)
(Câmara Brasileira do Livro, SP, Brasil)

Edinger, Edward F.
   Arquétipo do apocalipse : vingança Divina, Terrorismo e o Fim do Mundo / Edward F. Edinger ; tradução de Hugo Iglesias Torres de Moraes e Paulo Ferreira Valério ; editado por George R. Elder. – Petrópolis, RJ : Vozes, 2023. – (Reflexões Junguianas)

Título original: Archetype of the Apocalypse
Bibliografia.
ISBN 978-65-5713-764-2

1. Bíblia. Revelação – Crítica, interpretação, etc. 2. Bíblia. Revelação – Psicologia 3. Psicologia junguiana – Aspectos religiosos I. Moraes, Hugo Iglesias Torres de. II. Elder, George R. III. Título. IV. Série.

22-129457   CDD-228.06

Índices para catálogo sistemático:

1. Apocalipse : Interpretação e crítica 228.06

Cibele Maria Dias – Bibliotecária – CRB-8/9427

Edward F. Edinger

ARQUÉTIPO DO APOCALIPSE

Vingança Divina,
Terrorismo e o
Fim do Mundo

Editado por George R. Elder

Tradução de Hugo Iglesias Torres de Moraes e
Paulo Ferreira Valério

EDITORA
VOZES

Petrópolis

Tradução realizada a partir do original em inglês intitulado *Archetype of the Apocalypse – Divine Vengeance, Terrorism, and the End of the World*, publicada por Open Court Publishing Company.

Direitos de publicação em língua portuguesa – Brasil:
2023, Editora Vozes Ltda.
Rua Frei Luís, 100
25689-900 Petrópolis, RJ
www.vozes.com.br
Brasil

Editoração: Clauzemir Makximovitz
Diagramação: Daniela Alessandra Eid
Revisão gráfica: Alessandra Karl
Capa: Editora Vozes
Ilustração de capa: Mandala produzida por uma paciente de Jung e reproduzida por ele em *Os arquétipos e o inconsciente coletivo*, vol. IX/1 das Obras Completas. 5. ed. Petrópolis: Vozes, 2007, p. 341, nota 182.

ISBN 978-65-5713-764-2 (Brasil)
ISBN 978-0-8126-9516-8 (Estados Unidos)

Este livro foi composto e impresso pela Editora Vozes Ltda.

Figura 0.1

Os Irmãos Limbourg. João Evangelista, de *Les très riches heures du Duc de Berry*. 1413-1416. Iluminura. Museé Condé, Chantilly, França.

João se senta em uma estilizada e deserta Ilha de Patmos, enquanto sua última conexão com a civilização rema para longe de lá. Contudo, ele é acompanhado por seu símbolo teológico – a águia – que, pacientemente segura um estojo e a tinta. João está prestes a escrever o Apocalipse e se vira, olhando para cima em direção ao som perturbador de três trombetas ao seu ouvido: a voz de "aquele como um Filho do Homem" entronizado em um céu estrelado. Quatro serafins sem corpo, cujas asas são cobertas de olhos, cercam o Senhor, enquanto os "vinte e quatro anciãos" de túnicas brancas e coroas tomam seus assentos de forma simétrica nos bancos do coro de igreja. Em termos psicológicos, o reino árido do ego na metade inferior dessa miniatura foi invadido pela metade superior – o reino do não ego do inconsciente. A demonstração de medo de João nos conta que esta não é uma experiência fácil.

(O Editor).

Sumário

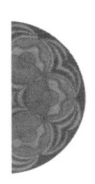

Lista de ilustrações

Prefácio do editor

Este livro vai desafiar o leitor a aceitar uma premissa perturbadora: a saber, que o *mundo, assim como o conhecemos*, está se aproximando de seu fim em um futuro bem próximo. Embora haja uma literatura crescente sobre esse assunto vinda de vários ângulos, o autor oferece poucos fatos do mundo da política e de conflitos militares, não abordando diretamente as vulnerabilidades econômicas, sociais e tecnológicas do mundo; ele também não faz aqui uma mera proclamação fundamentalista de que "o fim está próximo", à maneira que certas pessoas fazem quando as coisas não seguem o caminho de sua intenção. Ao invés disso, Edward Edinger fornece o que nenhuma dessas perspectivas – por mais realistas ou intuitivamente corretas que possam ser – considerou relevante: ele oferece evidência psicológica, obtida de sua percepção cultural, de seu trabalho com pacientes cujos processos internos fornecem uma janela para as correntes de nosso tempo, e de sua própria notável sabedoria.

Edinger acompanha os *insights* de C.G. Jung, o psicólogo mais profundo da Era Moderna, que escreveu a respeito do simbolismo do fim do mundo: "A vinda do anticristo não é apenas uma predição de caráter profético, mas uma lei psicológica inexorável" (OC 9/2, § 77). Seguindo essa linha, vemos que o propósito do livro de Edinger remete à compreensão de que a época para a execução dessa lei chegou. Se o leitor se aventu-

rar a navegar e sobreviver às tormentas dos capítulos seguintes, será recompensado com muitas intuições sobre o significado das imagens que fascinaram nossa cultura por mais de dois
mil anos: "fim do mundo", "juízo final", "sétimo selo", "marca da besta", "prostituta da Babilônia", e, enfim, a "Nova Jerusalém". O leitor será conduzido, ao longo do caminho, a uma
compreensão da violência generalizada de nossos tempos e do
acontecimento específico do Holocausto judaico, também sobre o ressurgimento de um primitivo comportamento sexual
e do significado psicológico da aids.

À época de sua morte, em julho de 1998, pouco depois de
aprovar este manuscrito para publicação, Edward F. Edinger
foi amplamente considerado o decano dos analistas junguianos
nos Estados Unidos. Ele nasceu em Iowa em 1922, uma data
que ele considerava significativa – como disse em uma entrevista – por motivos que tocam a problemática deste volume.
Isso aconteceu apenas um ano após o aparecimento do grande
poema apocalíptico de William Butler Yeats, "A segunda vinda",
no mesmo ano em que T.S. Eliot publicou sua cáustica descrição
sobre a alma moderna em *A terra devastada*, e foi também em
1922 que Oswald Spengler terminou sua obra, *A decadência
do Ocidente*. Talvez não nos surpreenda que, posteriormente,
Edinger achou que sua carreira convencional de médico não
fazia mais sentido em sua vida do mesmo modo que já havia
percebido que sua criação como testemunha de Jeová lhe fora
insuficiente. O autor encontrou grande ânimo na análise pessoal
com M. Esther Harding que havia trabalhado de perto com Jung;
e juntos, Edinger e Harding se tornariam dois dos membros
fundadores da Fundação C.G. Jung de Psicologia Analítica, bem
como do Instituto C.G. Jung na cidade de Nova York.

Após diversas décadas de prática privada em Nova York e depois em Los Angeles, assim como a publicação de diversas obras que preencheram as questões mais profundas de psicologia e religião, Edinger nos oferece aqui, nesta obra, seu décimo sétimo título.

O *Arquétipo do Apocalipse* começou como uma série de dez palestras semanais, de título semelhante, proferidas no Instituto C.G. Jung de Los Angeles. Começando em 4 de janeiro de 1995, elas foram assistidas por cerca de 50 pessoas, de analistas em treinamento juntamente com membros selecionados do público em geral. À primeira vista, esse foi um esforço inteiramente novo e estimulante. Jung havia tomado o Livro de Jó (livro bíblico) e a ele reagido com sua *Resposta a Jó*, mas nenhum seguidor de Jung havia enveredado a uma "exegese psicológica" da Escritura, do tipo que compele alguém a considerar versículos específicos e não apenas este ou aquele dado tema geral. Cerca de metade dos versículos do Livro do Apocalipse são comentados aqui. Em uma perspectiva mais ampla, no entanto, Edinger não estava abrindo novos caminhos para si mesmo. Há muito tempo ele se convencera de que a experiência psicológica de Jung tinha dado origem a uma nova visão de mundo: "uma visão de mundo inteiramente nova, que tem como princípio central e valor supremo a psique humana, com seu singular fenômeno de consciência". Com esse comentário, o autor estava explicando o porquê de ter escrito o *Sage of concord*, um ensaio sobre o século XIX, no qual Ralph Waldo Emerson expressa:

> Caso a nova visão do mundo tome seu lugar como um novo dominante cultural, é necessário um longo processo de reorientação e assimilação. Assim como o cristianismo emergente exigiu a dedicação de gerações para assimilar o

aprendizado da cultura grega anterior, também a psicologia moderna assimilará gradualmente suas próprias formas e modos de entender os produtos da cultura humana que a precederam. Eu entendo que essa tarefa é da responsabilidade do analista e dos leigos psicologicamente informados sobre o presente e o futuro (Edinger, 1965, p. 77-99).

À época das conferências do *Arquétipo do Apocalipse*, Edward Edinger já havia assumido essa responsabilidade com muitas obras importantes. Para indicar seu escopo de realizações, existe a análise integral de *Moby-Dick*, (obra criada pelo autor contemporâneo de Emerson, Herman Melville); uma análise psicológica do mito grego em *The eternal drama: The inner meaning of Greek mythology*; ensaios sobre temas principais da Bíblia hebraica em *A Bíblia e psique: Simbolismo da individuação no Antigo Testamento* e sobre temas cristãos em *O arquétipo cristão*; um estudo do *Fausto* de Goethe e reflexões sobre as ilustrações de William Blake para o Livro de Jó (cf. as obras já citadas de Edinger). Todas essas obras podem ser tidas como "atos de assimilação", assim como o esforço deste livro em questão para compreender de forma psicológica o Livro do Apocalipse.

Jung, no entanto, introduziu uma nota sombria nesta empreitada criativa de integrar e sintetizar tradições antigas ao escrever:

> Os problemas que a integração do inconsciente traz ao médico e psicólogo moderno só podem ser resolvidos dentro da linha histórica que acabamos de traçar, e o resultado equivalerá a uma nova recepção do mito transmitido, sendo, porém, pressuposta a continuidade da evolução. A tendência moderna à destruição e perda de consciência de toda tradição poderá, entretanto, interromper o processo

normal de evolução durante vários séculos, e constituir um intervalo de barbárie (OC 9/2, § 282).

Edinger (1996) disse que a observação de Jung é realmente uma "previsão" (p. 135). E não se pode deixar de lembrar que a transição da cultura greco-romana clássica para as instituições cristãs maduras exigiu, de fato, muito sangue e confusão, e até mesmo séculos seguidos do que os historiadores chamam de "Idade das Trevas". Por conseguinte, podemos esperar algo semelhante. E antes que não percebamos o que isso possa significar, temos este comentário de uma entrevista com o autor:

> Parece de todo inevitável que esses enormes conflitos, que ocorrem em vastas proporções, como os movimentos sociais convulsivos e as erupções de caos que estão sendo produzidas, representem um aspecto político-histórico próprio da humanidade. Acredito que isso irá suplantar a agitação ocorrente no começo da Era Cristã por meio da desintegração progressiva do Império Romano. Isso não foi nada quando comparado ao que acontecerá desta vez (Edinger, 1983, p. 165).

Mesmo assim, Edinger acreditava que essa terrível transição cultural (que o poeta Yeats chamou de "besta tosca, sua hora finalmente se aproxima") será tolerável *se entendermos o significado* do que está acontecendo.

Foi realmente com esse fim em mente que o autor produziu os seguintes capítulos. Nenhum livro bíblico – com exceção do veterotestamentário Livro de Daniel – proporciona um tratamento mais estruturado do tema da transição cultural do que o Livro do Apocalipse no Novo Testamento. Entendê-lo em termos modernos, assimilando-o como um documento psicológico, nos ajudará a compreender as correntes inconscientes

que subjazem ao momento presente, guiando nossa antecipa-
ção do futuro, e nos fornecendo o significado que precisamos
para suportar o terror da mudança. Edinger vai além: afirma a
hipótese de que se um número suficiente de pessoas entender
o que realmente ocorre, se um número suficiente de pessoas
interiorizar o significado do "Apocalipse" em seu próprio processo de vida, aí então – seguindo o simbolismo da salvação dos
remanescentes [do resto de Israel] no Livro do Apocalipse – o
pior da catástrofe externa pode ser amenizado. Essa hipótese
coloca o leitor deste livro em uma posição crucial.

Devo notar, no entanto, que a preocupação do autor com
as problemáticas apocalípticas não é pioneira. Já que a segunda
metade do *Resposta a Jó* de Jung trata do tema do Apocalipse,
Edinger teve de comentá-la em seu próprio trabalho, *Transformation of the God-image: an elucidation of Jung's "Answer
to Job"* (Edinger, 1992). E o autor estava realmente no reino
do "Apocalipse" em seu estudo no *The new God-image*, no
Goethe's Faust, assim como em seu ensaio pioneiro intitulado
"The new myth", parte da obra *The creation of consciousness*
(Edinger, 1966, 1990, 1984). O momento dessas dez palestras,
especificamente sobre o tema do arquétipo do Apocalipse no
início de 1995, foi chocantemente oportuno. Um mês após sua
entrega, ocorreu o pior ataque terrorista no país até então:
o Edifício Federal da cidade de Oklahoma foi bombardeado
por um americano *possuído* pela ideia arquetípica de que os
168 homens, mulheres e crianças que matou – e as centenas
que ele feriu – faziam parte de um "império do mal". Ele os
matou também em vingança pelas mortes, dois anos antes, de
80 pessoas em um culto apocalíptico – mortas em um grande
incêndio em Waco, Texas. Profundamente comovido, Edinger

escreveu ao jornal de sua cidade a seguinte carta, intitulada "A psicologia do terrorismo":

O terrorismo é uma manifestação da psique. Está na hora de reconhecer a psique como um fator autônomo pertencente aos acontecimentos globais.

A raiz psicológica do terrorismo fala sobre um *ressentimento* fanático – um ódio *quase-psicótico* originado das profundezas da psique arquetípica e, portanto, canalizado por energias religiosas (arquetípicas). Um exemplo clássico da literatura é o *Moby Dick* de Melville. O Capitão Ahab, com seu ódio fanático à baleia branca, figura o paradigma do terrorista moderno.

Os terroristas bem-articulados geralmente se expressam por via de terminologias religiosas (arquetípicas). O inimigo é visto como o princípio do mal objetivo (diabo) e o terrorista se percebe como o agente "heroico" do divino ou da justiça objetiva (Deus). Isso é uma inflação de cunho arquetípico, de proporções demoníacas, que concede temporariamente ao indivíduo uma carga de energia e eficiência quase sobre-humana. Para lidar com o terrorismo de forma eficaz, temos de *entendê-lo*.

Precisamos de uma nova categoria para entender melhor esse novo fenômeno. Esses indivíduos não são criminosos e tampouco loucos, embora tenham algumas qualidades de ambos. Vamos chamá-los de zelotes. Os zelotes são possuídos por dinâmicas transpessoais e arquetípicas derivadas do inconsciente coletivo. Seu objetivo é coletivo e não pessoal. O criminoso busca seu ganho pessoal; o zelote não se prova assim. Em nome de um valor transpessoal, coletivo – uma religião, uma identidade étnica ou nacional, uma visão "patriótica" etc. – eles sacrificam sua vida a serviço de seu "deus". Embora um tanto idiossincrático e perverso, esse é um fenômeno fundamentalmente religioso que deriva de um nível arquetípico, do inconsciente coletivo.

Lamentavelmente, um conhecimento tão necessário desse nível psíquico não costuma ser de fácil acesso. Para aqueles interessados em buscá-lo, recomendo um estudo rigoroso da Psicologia de C.G. Jung (Edinger, 1995).

Como um sinal dos tempos, essa carta não foi publicada. Em vez disso, a nação foi simplesmente inundada com meras descrições do horror que acompanha as biografias dos suspeitos, sem que praticamente nenhuma linha impressa ou momento televisivo fosse destinado para de fato *compreender* o que realmente ocorreu. O governador de Oklahoma disse durante as exéquias: "Não conseguimos *compreender* o porquê desse acontecimento"; Billy Graham, o "capelão" (batista) da nação, já havia confessado em rede nacional diante de uma multidão de sobreviventes em lágrimas que não sabia por que Deus permite que coisas como estas aconteçam (Gonzalez, 1995; Graham, 1995). Ninguém parece saber o que está acontecendo, mesmo assim, o livro de Edinger corajosamente nos diz.

Nota histórica sobre o texto bíblico

O Livro do Apocalipse de São de João, também conhecido como Livro das Revelações, se apresenta desta forma: "Revelação [*apokalypsis*] de Jesus Cristo, que lhe foi confiada por Deus para manifestar a seus servos o que deve acontecer em breve. Ele o manifestou por sinais, enviando seu anjo a seu servo João" (Ap 1,1). Enviado por Deus por intermédio do Jesus celestial que o transmitiu por um anjo a João, o Apocalipse tornou-se oficialmente o último livro do cânon do Novo Testamento no século IV. Dado a sua própria posição, foi-lhe concedida a mesma honra e importância já há muito atribuída a

Gênesis, o primeiro livro da Bíblia hebraica. No entanto, sua aceitação pelos cristãos nunca foi completa: os primeiros marcionistas, que não tinham apreço pelo Antigo Testamento, o consideravam muito judaico; os mais espiritualistas achavam sua imagética muito sensual e a ideia de um "milênio" de banquetes, assim como uma contínua propagação, ofensiva. Jerônimo, o erudito do século IV responsável pela tradução latina da Bíblia, julgou que seria melhor considerar o Livro do Apocalipse entre os textos apócrifos – não tão canônicos –, assim como o simbolicamente rico Livro de Tobias. Houve repetidas investidas intelectuais à tradição de que "João", o autor do Apocalipse, seria na verdade um pescador iletrado e discípulo preferido de Jesus, e ao mesmo tempo o presumido autor do teologicamente sofisticado Evangelho de João.

Algumas destas dúvidas relativas ao Livro do Apocalipse tinham a ver com o contexto histórico de seus leitores. Como em toda literatura apocalíptica (um estudioso a chama de "tratados para os tempos ruins") há nesta escritura não apenas uma revelação de segredos divinos, mas também a proclamação de uma profunda crise (Gilmour, 1971, p. 945). De fato, foi provavelmente a crise da perseguição romana aos cristãos sob Domiciano que desencadeou a criação desta escritura no início da década de noventa. Da mesma forma, o Livro de Daniel foi composto durante a revolta dos Macabeus contra a opressão dos judeus por Antíoco IV Epifânio. Quando a Igreja enfrentava dificuldades para se manter, o Apocalipse de João se tornou mais atraente; mas quando a Igreja se tornou uma instituição bem estabelecida do reconstituído Sacro Império Romano, as visões de João pareciam menos pertinentes e, talvez, meramente bizarras. Assim, Jerônimo poderia observar que esta escritura "tem tantos mistérios quanto palavras", enquanto Agostinho poderia decidir que a crise do Apocalipse havia terminado e que o próprio sucesso da Igreja significava o início de mil anos de utopia governada por Cristo no céu (McGinn, 1987, p. 523).

A ideia de Santo Agostinho sobre a história, entretanto, provou ser infundada quando Cristo não voltou à Terra no ano 1000 para decretar o Juízo Final e estabelecer um novo céu e uma nova terra. De fato, a compreensão oficial de história do cristianismo continuou, diante de momentos críticos que lembravam seus adeptos da besta apocalíptica: a ameaça externa do Islã, a ameaça interna das heresias, um papado secular e os efeitos fragmentários da Reforma, as blasfêmias da Revolução Francesa... a Guerra Civil americana, e a primeira e a segunda guerras mundiais. E com cada fracasso na expectativa da segunda vinda de Cristo, o Livro do Apocalipse assumia uma nova forma, como um "tratado para tempos ruins". Edinger explica nos seguintes capítulos que foi o "arquétipo do Apocalipse" que periodicamente se tornava ativo na psique de nossa cultura e se viu adequadamente expresso nos símbolos do último livro da Bíblia. Ele ressalta, também, que hoje este arquétipo foi "constelado" de uma forma especialmente poderosa.

Na preparação desta edição, gostaria de agradecer inicialmente ao Gregory J. Sova, Ph.D., que participou das dez palestras nas quais se baseiam estes capítulos e que forneceu a transcrição inicial do *Arquétipo do Apocalipse*. Na falta dessas páginas, produzidas sem o conhecimento seguro de que outros precisariam delas, meu trabalho teria sido muito mais difícil. Agradeço a Dianne Cordic, analista Junguiana em Los Angeles e ex-Diretora de Treinamento do Instituto C.G. Jung de Los Angeles, por fornecer não apenas incentivo, mas também as notas do Dr. Edinger, usadas em palestras. Estas notas tornaram possível verificar a exatidão da transcrição e até mesmo acrescentar alguns materiais para os quais não havia tempo suficiente no *setting* oral. Annmari Ronnberg e Karen Arm do *Archive for Research in Archetypal Symbolism* (Aras), de Nova York, me forneceram exatamente as imagens necessárias da apresentação do Dr. Edinger. Susan Greenbaum me informou sobre as últimas pesquisas no estudo acadêmico do Apocalipse, enquanto Kyle Williams obteve as permissões para as inúmeras ilustrações do texto. Gostaria também de agradecer a David Ramsay Steele, da Open Court, por seu espírito de cooperação.

Se compararmos as palestras gravadas do autor com o que aparece aqui no livro, notaremos, às vezes, uma discrepância significativa entre as duas: frases diferentes, rearranjos de material, adições e subtrações. Isso se deve ao fato de o Dr. Edinger e eu acharmos sábio transpor a linguagem, que pode ser apropriada para uma palestra, para aquela mais adequada a um livro – perdendo a espontaneidade da apresentação oral, mas ganhando certa formalidade desejada para uma interpretação da escritura. Por isso, agradeço também a Edward F. Edinger não apenas pelo privilégio de editar estas, suas últimas palestras, mas por sua cooperação total com as muitas decisões sobre o estilo e o conteúdo que tiveram que ser tomadas, sua confiança em meu juízo e sua forma gentil de me informar quando eu estava enganado.

Finalmente, agradeço a minha esposa e três filhas por sua amorosa paciência.

Elder Georger, Ph.D.

1 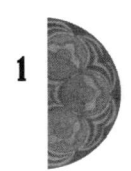 A grande catástrofe final

1.1 Arquétipo

Neste livro, vamos examinar o que pode ser chamado de "Arquétipo do Apocalipse" por meio de um estudo psicológico bastante próximo do Livro do Apocalipse. Confiarei principalmente na versão da *Bíblia de Jerusalém* por ser uma tradução precisa e prontamente disponível; e fornece em notas de rodapé todas as referências à Bíblia hebraica ou ao Antigo Testamento[1]. Como o leitor vai descobrir, o Livro do Apocalipse do Novo Testamento está carregado com citações diretas do Antigo Testamento. Vamos examinar profundamente esse texto em vez de revisar um vasto conjunto de materiais; e sugiro que o leitor consulte as Escrituras a serem discutidas antes de ler cada capítulo aqui, procurando referências encontradas nas notas ao rodapé da própria Bíblia. Ao fazer isso, cada pessoa pode fazer uma descoberta

---

1. Nota do editor: Nesta tradução, optou-se por utilizar a *Bíblia Sagrada* (2002), Vozes. Eventualmente, ajustes na tradução foram feitos para mais proximidade com os termos usados pelo autor.

importante: se envolver em uma espécie de processo espontâneo de amplificação, descobrindo consequentemente o precioso mosaico que o Livro do Apocalipse se prova ser. Não se pode compreender o Apocalipse recorrendo somente a uma leitura superficial. Em muitos aspectos, ele atinge a mente moderna como sendo algo bizarro e quase ininteligível. Mas se alguém se aplica *atentamente* a ele – especialmente considerando as citações que acompanham o texto – o livro começa a se revelar.

Eu sempre presto atenção aos títulos de outros livros e, naturalmente, presto atenção aos meus próprios. Meu título aqui é *Arquétipo do Apocalipse*. Tentemos identificar cada termo, e perguntemo-nos inicialmente: O que é um arquétipo? Podemos pensar que sabemos, se estudamos psicologia junguiana, mas não custa ser lembrado. Antes de mais nada, um arquétipo é um *padrão*: uma ordenação psíquica primordial de imagens que possuem uma qualidade generalizada ou coletiva; pode ser entendido, portanto, como uma derivação da psique objetiva transpessoal coletiva – em lugar de uma psique pessoal. Esse é um aspecto de um arquétipo. O outro aspecto ao qual não damos tanta atenção – mas que merece ênfase – é que o arquétipo é uma *agência dinâmica*: É um organismo vivo, um organismo psíquico que habita a psique coletiva. E o fato de que um arquétipo é tanto um padrão quanto uma agência significa que qualquer encontro com um arquétipo terá necessariamente esses dois aspectos.

Como padrão, podemos encontrar uma realidade arquetípica e falar sobre ela enquanto um objeto – um objeto de nosso conhecimento e de nossa compreensão. Mas como uma agência dinâmica e viva, este nos aparece como um sujeito, como uma entidade assim como nós, marcada com intencionalidade e algum semblante de consciência. Jung refere-se a esse duplo aspecto dos arquétipos no início de seu trabalho seminal *Resposta a Jó* onde ele diz:

> São fenômenos espontâneos que escapam ao nosso arbítrio e por isso podemos atribuir-lhes uma certa autonomia. Pela mesma razão, devemos considerá-los não só como objetos em si, mas como sujeitos dotados de leis próprias. [...]. Entretanto, se levarmos em conta esta autonomia, as representações a que nos referimos devem ser tratadas como sujeitos – ou seja, devemos reconhecer seu caráter espontâneo e também a sua intencionalidade; isto é, uma espécie de consciência e de *liberum arbitrium* (livre-arbítrio) (OC 11/4, § 557).

O leitor deve ter isso em mente quando analisarmos especificamente o arquétipo do Apocalipse, porque este se comporta assim como todos os outros arquétipos quando evocados, constelados ou ativados. Esse arquétipo tende a ganhar autonomia e também a direcionar tudo o que seja de natureza psíquica em suas proximidades, a fim de alinhar-se com suas próprias linhas de força.

1.2 Apocalipse

O outro termo do título deste livro é "Apocalipse". *Apokalypsis* é apenas a palavra grega que foi utilizada para nomear o Livro do Apocalipse, que também é simplesmente chamado de Revelações; em geral o termo significa "revelação". Mas, especificamente, refere-se ao "desvelar aquilo que estava ocultado". A raiz é o verbo *kalypto*, que significa "cobrir ou esconder"; o prefixo é a preposição, *apo*, que significa "longe ou a partir de". Portanto, *apokalypsis* significa "tirar fora o que cobre" daquilo que era secreto ou encoberto – revelando o que antes era invisível. No entanto, de acordo com o uso geral, o termo "apocalipse" assumiu o significado generalizado de "vinda da divindade para afirmar sua soberania" – ou a vinda de um messias para julgar, recompensar ou punir a humanidade. Temos toda uma literatura na Antiguidade que pode ser chamada de "apocalíptica" e que cresceu em torno da ideia de um apocalipse. Existem diversos escritos apocalípticos na literatura extrabíblica judaica e cristã, mas certamente o Apocalipse canônico de João – o que estamos prestes a estudar aqui – é o mais famoso desse gênero[2].

A principal característica da literatura apocalíptica é que ela descreve sonhos, visões ou viagens para o céu, nas quais se mostra ao vidente os segredos do outro mundo, assim como

---

2. Nota do editor: Para uma visão geral da literatura apocalíptica na história das religiões, cf. Collins (s.d.) e Cohn (1993).

planos da história mundial que culminam no "fim da era". Tipicamente, um apocalipse contém imagens de um "juízo final" contando com a vinda de um "messias" ou um rei divino, que imporá suas sentenças, mas depois reconstituirá as coisas ou trará uma "nova ordem". Sendo ainda mais específico, essa obra literária apresenta quatro características principais: 1) revelação; 2) julgamento; 3) destruição ou punição (como consequência do julgamento); e depois 4) renovação em um novo mundo.

O que eu chamo de arquétipo do Apocalipse se encontra subjacente a toda essa literatura antiga. Ele é composto de uma rede de imagens inter-relacionadas – assim como todos os arquétipos – formando um sistema complexo de símbolos. Para dar uma dica sobre algumas das imagens que se agrupam em torno do arquétipo, ofereço o seguinte gráfico de inter-conexões. Seu conteúdo é um tanto arbitrário, pois está na natureza de uma rede arquetípica que ela possa se estender cada vez mais longe – eventualmente abrangendo todo o inconsciente coletivo. E, a menos que se imponha algum tipo de limite ao procedimento, a pessoa se afogará dentro do processo. Talvez este gráfico possa servir, no entanto, como um roteiro para nossa exposição ou como uma visão geral com o propósito de orientar. A maioria das imagens aqui referidas serão discutidas com um certo detalhamento nos capítulos seguintes (cf. fig. 1.1).

Figura 1.1

O arquétipo do Apocalipse

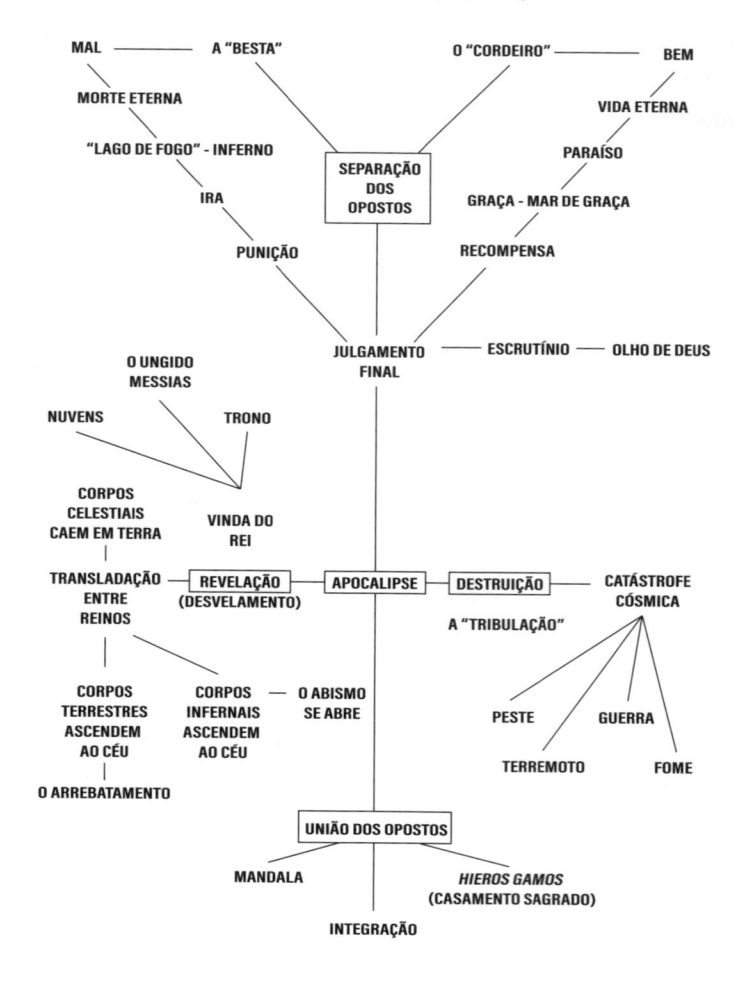

Deixe-me repetir. O que estamos prestes a discutir é um padrão psíquico primordial do inconsciente coletivo que é, ao mesmo tempo, uma agência dinâmica com intencionalidade. Quando se constela, ele gera a si mesmo e se manifesta na psique individual, tanto que a psique coletiva é capaz de tocá-lo. Dito de outra forma, os arquétipos vivem em qualquer coisa psíquica de que possam se apropriar; são como bocas devoradoras – caçando pequenos egos de que possam se apossar e depois continuar vivendo através destes. O arquétipo do Apocalipse certamente se constelou de forma muito poderosa no início do *aeon* cristão, e é por isso que tanta literatura apocalíptica foi gerada naquela época. Agora, novamente no limiar de um novo *aeon* – esse mesmo arquétipo está se constelando de forma muito enfática. Oferecerei exemplos das diferentes maneiras em que isso acontece atualmente, tanto individual quanto coletivamente.

Ao invés de manter o leitor em suspense, vou responder à questão norteadora de nosso estudo desde o começo e depois permitir que o restante deste trabalho seja uma ampliação desse momento. A pergunta que realmente me preocupa aqui é esta: o que o "Apocalipse" significa em termos psicológicos? Minha resposta essencial é a seguinte: o "Apocalipse" significa o memorável evento da vinda do *Self (si-mesmo)* para a realização consciente. Naturalmente, ele se manifesta e é vivenciado de forma bastante diferente, quando ocorre na psique individual ou quando na vida coletiva de um grupo; mas em ambos os casos, é um evento gigantesco – literalmente, o fim do mundo. Isto é o que o conteúdo do arquétipo do Apocalipse apresenta: a queda do mundo como ele era – seguido por sua reconstituição.

Em termos de fenômenos coletivos, temos evidências por toda parte, em nossa prática analítica diária e na história mundial contemporânea de que este evento arquetípico devastador está ocorrendo agora mesmo. Ele já começou. Está se manifestando em relações internacionais; na quebra das estruturas sociais da civilização ocidental; em agrupamentos políticos, étnicos e religiosos; bem como na psique dos indivíduos. É possível perceber o arquétipo do Apocalipse ativo em todas estas arenas – uma vez que a pessoa for familiarizada com seu conteúdo e tiver olhos para enxergar. É possível ver ainda mais evidências em livros, filmes e programas televisivos. O possível encontro com a inteligência extraterrestre é uma imagem que cada vez mais atrai a mentalidade moderna; e em muitos casos, como na ficção científica, esses encontros são seguidos por consequências apocalípticas – um aspecto do arquétipo[3].

Pode-se ver o arquétipo do Apocalipse na proliferação de cultos ou seitas apocalípticas. E sobretudo quando consideramos o fenômeno dos grupos religiosos que se identificam explicitamente com esse arquétipo, e não apenas de forma marginal, eu vejo um espectro completo. Em um extremo estão os cultos apocalípticos de natureza *semissuicida* que muitas vezes não são mais do que grandes agrupamentos familiares centrados em torno de uma personalidade carismática que é quase-criminosa ou quase-psicótica (ou ambas) – figuras como Charles Manson, Jim Jones, ou David Koresh[4]. Esses cultos são versões extremadas de possessão em grupo, isto é – uma possessão *concreta* do grupo pelo arquétipo do Apocalipse. Um

3. Nota do editor: cf. apêndice II, "O culto de Heaven's Gate", onde o simbolismo do Livro do Apocalipse e da ciência estão misturados de uma forma trágica.

4. Nota do editor: para o caso de possessão pelo arquétipo do Apocalipse de David Koresh, cf. apêndice Ì, ao fim deste volume.

pouco menos extremo, ao longo do espectro, estão as demais configurações como os abrigos antibombas, estocagem, cultos de sobrevivência onde os membros estão se escondendo em regiões remotas – fortemente armados e à espera do Armagedom[5]. Mais longe nesse espectro, estão as seitas apocalípticas de uma escala maior. Deixe-me assinalar que a única diferença entre um culto, uma seita, e uma denominação é a diferença numérica. Um grupo pequeno é considerado um culto; um grupo religioso de quinhentos mil a um milhão de membros é uma seita; e se há dez milhões de membros, é uma denominação religiosa – basicamente, não existem demais diferenças. Naturalmente, quanto maior for o grupo, mais silenciados serão os problemas religiosos ou, digamos assim, mais o fogo (apocalíptico) é abafado. Hoje em dia, existem algumas seitas apocalípticas de maior proporção, mas provavelmente as mais conhecidas são as Testemunhas de Jeová e a Igreja Adventista do Sétimo Dia. Cada uma delas tem entre 750 mil e um milhão de membros somente nos Estados Unidos, sem contar com suas ligações e seu *networking* internacionais. Estes últimos estão se tornando quase parte do cenário cotidiano, puramente em virtude destas estatísticas[6].

---

5. Nota do editor: Tecnicamente, estes são "pós-tribuladores" que acreditam, ao contrário da maioria dos cristãos fundamentalistas, que não haverá um "arrebatamento" seguro para o céu antes dos terrores do Fim. Em vez disso, como explica Bernard McGinn (1994, p. 261), esses cristãos pregam uma "estratégia de sobrevivência de construir abrigos antibomba, estocar alimentos, preparar fontes alternativas de energia e treinamento militar para proteger o fornecimento de alimentos nos dias escuros que estão por vir, governados pelo anticristo antes do arrebatamento".

6. Nota do editor: As Testemunhas de Jeová são uma seita cristã distintamente americana fundada no final do século XIX. Eles estão convencidos, pela leitura

Mais longe ainda, ao longo do espectro, estão os grupos apocalípticos mais moderados, e até mesmo igrejas fundamentalistas convencidas de que o tempo "final" está sobre nós. Deixe-me observar que 50 anos atrás, quando comecei a observar esse fenômeno, o fundamentalismo cristão dominante não tinha esse tom proeminentemente apocalíptico. Mas hoje existem milhões de americanos que aguardam ser "arrebatados" até o céu a qualquer momento. Existem milhões de americanos com essas convicções.

Finalmente, no outro extremo do espectro da possessão pelo arquétipo do Apocalipse estão os supostos ambientalistas secularistas/racionalistas. Não me refiro apenas às pessoas que se preocupam com o meio ambiente, mas àqueles cujo comportamento e modo de vida indica que estão funcionando colocando uma dimensão religiosa à frente de sua libido. É sempre a intensidade apaixonada que revela a possessão por um arquétipo. Deste modo, não é preciso sequer ser conscientemente "religioso" para ser possuído pelo poder sagrado da realidade arquetípica.

---

da Bíblia, de que o verdadeiro nome de Deus é "Jeová" e que seus seguidores não devem ser chamados de cristãos, mas sim, "Testemunhas". Eles estão ainda mais convencidos de que o fim dos tempos está próximo, e que as "Testemunhas de Jeová" possuem uma visão particularmente clara desse evento a partir de sua "Sentinela", que é o nome da principal revista de publicação da seita. Os Adventistas do Sétimo Dia estão relacionados a esta seita apocalíptica de forma mais recente por meio de sua conexão com William Miller em meados do século XIX e os "Millerites" americanos. Ele anunciou o Advento de Cristo e o subsequente Fim dos tempos para ocorrer no ano de 1843, uma data logo rejeitada por ele e seus seguidores à luz dos acontecimentos históricos; mas sua percepção que o sábado, o "sétimo dia" da semana, foi o verdadeiro acordo Sabá, assim como no judaísmo permaneceu ilesa. Para mais aprofundamento, cf. Stroup, (s.d.); Butler & Numbers, (s.d.).

Para além dessas manifestações coletivas do arquétipo do Apocalipse, temos manifestações individuais que os terapeutas estão percebendo a todo tempo. Quando a imagem do arquétipo do Apocalipse surge em análise, esta pode ser imediatamente reconhecida como parte da fenomenologia do processo de individuação: representando em um indivíduo o surgimento do *si-mesmo* na realização consciente. E aqueles quatro aspectos mencionados anteriormente com relação à literatura apocalíptica também se aplicam a uma manifestação individual: Revelação, Julgamento, Destruição ou Punição, e um Novo Mundo. Aqui, 1) "Revelação" tem o correlato psicológico de uma nova percepção estilhaçante que é acompanhada por um fluxo de imagens transpessoais para dentro da consciência. 2) "Julgamento" é experimentado na forma de um ganho de consciência abrupto e profundo sobre a sombra, que às vezes pode ser tão avassalador que pode prenunciar uma completa desmoralização[7]. Quando alguém é confrontado com sua natureza sombria e duvidosa que só conhecia intelectualmente em forma de abstração e, de repente, ela entra em foco como uma realidade viva e concreta – é um grande choque. 3) O tema "Destruição ou Punição" é manifesto como a ansiedade do indivíduo em meio a esta transformação probatória. 4) Finalmente,

---

7. Nota do editor: Edinger (1968, p. 4) escreve o seguinte: "Normalmente a sombra, como indicado pela palavra, contém características inferiores e fraquezas que a autoestima do ego não lhe permitirá reconhecer [...] pelo menos enquanto a sombra for projetada, o indivíduo pode odiar e condenar livremente a fragilidade e o mal que ele vê nos outros, conservando ao mesmo tempo seu próprio senso de retidão. A descoberta da sombra como enquanto conteúdo pessoal pode, se repentino, causar uma confusão temporária e depressão. Cf. tb. von Franz (1964), em especial as páginas 171-185, onde ela discute a "realização da sombra".

a vinda de um "Novo Mundo" corresponde à emergência de imagens de mandalas e da quaternidade dentro da psique – à medida que começa a surgir a possibilidade de uma relação consciente com o *si-mesmo* e sua *completude*[8].

1.3 Introdução ao Livro do Apocalipse

O Apocalipse (ou Revelação) de São João, o livro final da Bíblia judaico-cristã, é realmente uma amálgama da imagética apocalíptica judaica e cristã, e pode ser considerado apenas semicristão; é como se a imagem basilar desta literatura apocalíptica – que deriva de outros materiais apocalípticos judaicos – tenha sido "preenchida" da imagem de Cristo. Ele faz repetidas menções, por exemplo, às profecias do Antigo Testamento do "Grande Dia de Javé". Mas como auge do cânon hebraico-cristão, é exposto o cenário final do *aion* cristão e descreve simbolicamente os eventos concludentes do mito judaico-cristão – um mito que tem sido o útero e o recipiente

---

8. Edinger (1968, p. 7-8) diz o seguinte: O si-mesmo expressa a totalidade psíquica ou totalidade. [...] O termo mandala é usado para descrever as representações do si-mesmo, o arquétipo da totalidade. A mandala típica, em sua forma mais simples, é um círculo quadricular que combina os elementos de um círculo com um centro que contêm mais um quadrado, uma cruz ou alguma outra expressão de quatro lados. [...] Uma mandala totalmente desenvolvida geralmente emerge nos sonhos de um indivíduo só depois de um longo processo de desenvolvimento psicológico. É então experimentado como uma libertação de um conflito aparentemente de uma ordem irreconciliável e pode transmitir uma consciência numinosa da vida. Esta transmissão pode ser como algo que seja em última instância harmonioso e significativo embora suas aparentes contradições. Para uma rica discussão sobre o si-mesmo, cf. tb. von Franz (1964, p. 207-254).

metafísico da civilização ocidental. Portanto, não é pouca coisa que estamos examinando aqui.

Uma grande quantidade de trabalhos acadêmicos de estudiosos bíblicos se dedicou ao estudo deste texto. Entretanto, praticamente todos estes estudiosos estavam contidos dentro de seu próprio mito: Deste modo, eles têm tentado entender a própria mitologia de que fazem parte. Enquanto psicólogo de uma psicologia profunda, acho muito interessante observar como os indivíduos chegam a uma barganha intelectual com textos mitológicos, temas dos quais eles ainda fazem parte. Há, francamente, muita torção e distorção, pois o problema é um pouco como o dos peixes tentando entender a propriedade da água – o meio que os envolve. No entanto, simplesmente não é possível entender ou perceber o assunto como um objeto até que se esteja à parte dele; é preciso sair do receptáculo antes para que isso seja possível.

Em geral, os estudiosos se dividiram em quatro campos principais, tendo quatro pontos de vista sobre como entender o Livro do Apocalipse. Não vou discutir o assunto em detalhes; mas, muito provavelmente, o que temos aqui são evidências de variações entre temperamentos – variações tipológicas entre os próprios estudiosos[9]. (1) Um grupo sustenta o que tem sido chamado de interpretação "preterista" – da palavra latina *praeter*; que significa "além ou passado". E, de acordo com essa visão, o Livro do Apocalipse é um retrato dos eventos daquele momento no Império Romano, que estavam ocorrendo ou tinham ocorrido no passado recente. Portanto, o conteúdo não é nada profético; eles colocam em forma simbólica

---

9. O material a seguir se baseia em Douglas e Tenney (1989, p. 504s.).

o que já aconteceu, *praeter*. (2) O segundo ponto de vista é chamado de "histórico". Este interpreta o Apocalipse como uma representação simbólica da trajetória completa da Igreja, conduzindo-se até à consumação final. (3) O terceiro grupo é chamado de interpretação "futurista". De acordo com este ponto de vista, o texto do Apocalipse refere-se a eventos em torno do Retorno de Cristo, que virão em algum momento no futuro. (4) Finalmente – temos o ponto de vista "idealista" ou simbólico. Este ponto de vista erudito considera o Apocalipse como referindo-se simbolicamente ao "conflito do bem e do mal" em qualquer época, a qualquer momento, e não é específico ou literalmente histórico. Poder-se-ia chamar isto de Visão Platônica do Apocalipse.

Olhando o texto de maneira psicológica, eu criaria um conjunto um pouco diferente de categorias interpretativas. Poderíamos ver o texto como uma manifestação do arquétipo do Apocalipse – que pode se expressar no Livro do Apocalipse em diferentes contextos que se sobrepõem e se interpenetram. Para ser mais específico, eu detecto diferentes fios de referência contextual que vão se costurando ao longo da tapeçaria deste livro. (1) Um dos fios é uma descrição de eventos "passados", concretizados na história sagrada de Israel – com o formidável exemplo do Exílio Babilônico em 586 a.C. Esta foi uma experiência coletiva como um "Apocalipse" para Israel, se é que já existiu um. E muitas das citações do Antigo Testamento inseridas no Apocalipse referem-se a esse incrível evento que milagrosamente não destruiu a nação – é realmente um milagre que Israel tenha sobrevivido. (2) Uma segunda vertente refere-se a eventos concretos "presentes"; e por presente quero dizer o primeiro século. Esta visão corresponde à postura "preterista" que se refere principalmente à destruição de Israel e seu Templo no ano 70 por Roma, antecipando a destruição do Império Romano pela fúria divina. (3) Uma terceira linha seria uma descrição de eventos concretos "futuros" – eventos de "Final dos Tempos" ocorrendo em nossa própria época. Nós, é claro, estamos em condições de testemunhar nossos próprios eventos contemporâneos e ver como boa parte dessas imagens se encaixam. De qualquer modo, retrospectivamente falando, podemos ver essa condução no texto[10]. (4) E ainda outro nível seria o que eu chamaria em termos religiosos – a linha "escatológica"; mas para usar um pouco mais um termo psicológico, também poderíamos chamá-lo de condução "pleromática". Com isto quero dizer que o Livro do Apocalipse também se refere a eventos inteiramente fora do tempo que estão ocorrendo na eternidade ou na esfera pleromática da psique. Em outras palavras, estes eventos acontecem no inconsciente coletivo e não necessariamente são registrados ao nível da consciência do ego[11]. Na realidade, na medida em que é puro arquétipo e não desce ou se eleva em uma encarnação, a realidade arquetípica se comporta deste modo, como um drama eterno que está ocorrendo a todo tempo. (5) Finalmente, a vertente verdadeiramente "psicológica" é provavelmente a categoria mais importante de

---

10. Nota do editor: Aqui é onde se encontra a "profecia" fundamentalista a respeito de nossa situação atual. O autor afirma que realmente existe uma conexão entre uma interpretação literal das escrituras e a psicologia, assim como existe um "gancho" contemporâneo para a projeção cristã de cunho fundamentalista de um fim concreto.

11. Nota do editor: Jung (2002, p. 76) escreve: "Para o meu uso particular chamo a esfera da existência paradoxal; isto é, o inconsciente instintivo, de *pleroma*, um termo tirado da gnose.

todas para nossa compreensão deste texto: isto é, uma expressão simbólica da vinda do *si-mesmo* para a realização consciente em uma psique individual.

O Livro do Apocalipse é, sem dúvida, baseado em uma experiência pessoal visionária. Mas, como já indiquei, é claro que o texto – como nós o temos – foi influenciado por outras literaturas apocalípticas, frequentemente com citações diretas dessas literaturas. Os paralelos com a visão de Ezequiel são muito marcantes; há citações diretas do Livro de Daniel. Além disso, o estudioso R.H. Charles apontou pelo menos vinte paralelos (se não citações literais) do não canônico Livro de Enoque[12]. É evidente que o Apocalipse é um produto assimilado de uma forma ou de outra.

Há pelo menos duas maneiras possíveis de entender como este resultado pode ter surgido; na verdade, pode ter existido uma mistura das duas. Uma possibilidade é que a experiência imediata de um indivíduo foi aceita por outros que a editaram e amplificaram a partir de seu conhecimento de outras litera-turas. A outra possibilidade é que o Livro do Apocalipse pode ter sido escrito, seu núcleo ao menos, em um estilo próximo ao que o tratado alquímico *Aurora consurgens* foi escrito. Esta é uma obra atribuída por alguns ao teólogo medieval Tomás de Aquino – publicada recentemente, contando com o comentário psicológico de Marie-Louise von Franz (1966). É um tratado que integra imagens bíblicas, especialmente o Cântico dos Cânticos, com o processo alquímico; no entanto, é evidente pelo modo como o texto se apresenta que não havia um editor calmo e tranquilo trabalhando para juntar as peças adequadamente. Ao invés disso, a *Aurora consurgens* foi composta no calor

12. Cf. o estudo clássico de R.H. Charles (1920).

de uma experiência real, pela mente de alguém para quem as imagens e citações bíblicas eram tão próximas que se tornaram a expressão adequada da experiência que ele estava tendo. Este poderia ser possivelmente o caso de João. Não temos como saber ao certo, mas podemos ser confiantes de que a composição de João é um produto fruto de assimilação. Além da assimilação da cosmovisão judaicas para a cristã, essa obra até incorpora – como veremos – parte da mitologia grega clássica.

Destaco esta questão de assimilação porque é um tema importante para a psicologia. Jung (OC 14/2, § 186) disse em *Mysterium Coniunctionis*: "É efêmera qualquer renovação que não tiver suas raízes a penetrar muito profundamente na melhor tradição espiritual". Portanto, os psicólogos junguianos sabem ou deveriam saber que o processo analítico deve estar relacionado à dimensão histórico-arquetípica por detrás das experiências pessoais de um analisando – se for para a análise atingir sua total profundidade e eficácia. O resultado líquido desse tipo de trabalho psicológico é também um produto de assimilação.

Embora o autor do Livro do Apocalipse se chame "João", sua identidade não é certa. J.M. Ford, em seu livro *Anchor Bible commentary*, sugere que ele é João Batista – uma visão não muito popular, mas que demonstra até onde alguns biblistas estão dispostos a ir (1975, p. 28s.). Tradicionalmente, "João" é o Evangelista – um discípulo de Jesus a quem é atribuído o Evangelho de João e pelo menos a primeira e a segunda Carta de João. Agora, para nossos propósitos, a "tradição" é um fato psíquico. Ela postula o *consensus omnium*, por assim dizer; é uma declaração da psique coletiva e, portanto, tem que ser tomada como um fato psíquico, pelo menos em um determinado nível.

Aqui está o que Jung tem a dizer sobre o tema da autoria do Apocalipse:

> Dificilmente se poderia pensar numa personalidade mais adequada para autor do Apocalipse de João do que a daquele que escreveu as chamadas Cartas Joaneias. Este autor afirma que Deus é luz e que "nele não há treva alguma". [...] O Pai nos agraciou com o seu grande amor. [...] Quem nasceu de Deus não comete pecado. [...] O próprio Deus é amor. O perfeito amor expulsa o temor. [...] Fala como se conhecesse não apenas um estado de impecabilidade, mas também um perfeito amor, ao contrário de Paulo, ao qual não falta a necessária autorreflexão. [...] Em semelhantes circunstâncias, costuma surgir uma contraposição no inconsciente, que um dia poderá irromper na consciência sob a forma de uma revelação. [...] porque vem compensar, entre outras coisas, a unilateralidade de uma consciência individual (OC 11/4, § 698).

Jung está assumindo a posição de que o autor das Epístolas joaninas é o mesmo que o autor do Apocalipse – se não também do Evangelho – e está afirmando que a violência das visões posteriores compensa a ênfase consciente anterior e unilateral de João com a luz e a bondade. Isto significa que a psicologia pessoal de João era um dos fatores contribuintes para a experiência. Mas Jung prossegue dizendo:

> Mas sejamos psicologicamente precisos: não é a consciência de João que inventa tais fantasias: são elas que lhe vêm ao encontro, numa "revelação" violenta; [...] Deve ter sido um indivíduo apaixonadamente religioso, possuidor de uma psique equilibrada. Mas parece ter tido um relacionamento intenso com Deus, relacionamento este que o deixava aberto a irrupções que ultrapassavam de longe qualquer aspecto pessoal. O indivíduo realmente

religioso, que também traz do berço a possibilidade de uma ampliação da consciência deve contar com tais perigos. A finalidade das visões do Apocalipse não é evidentemente a de levar o homem comum João a conhecer a sombra que traz oculta em sua natureza luminosa, mas sim a de abrir o olhar do Vidente para a incomensurabilidade de Deus, pois quem ama conhecerá a Deus. Pode-se dizer que João, precisamente por ter amado a Deus e feito tudo o que estava em seu poder para amar os seus semelhantes, recebeu a "gnose", isto é, o conhecimento de Deus (OC 11/4, § 730-732).

Agora, a palavra "apocalipse" passou a significar mais do que a palavra "revelação de coisas secretas". Passou a significar catástrofe. De fato, uma "grande catástrofe final" é agora um lado profundamente arraigado do uso desta palavra. E me parece que essa é a forma correta e apropriada de vê-la em todas as manifestações coletivas do arquétipo; porque as ma nifestações coletivas do arquétipo são, por definição, suas manifestações inconscientes encenadas de maneira concreta. Quando este arquétipo é vivenciado pelo indivíduo, no entanto, ele não necessariamente é experienciado sob a forma de catástrofe. Mas, para ser mais preciso, a vinda do *si-mesmo* é sempre turbulenta; mas esta característica é muitas vezes ofuscada por suas consequências positivas – a vinda de uma ampliação da personalidade e da relação emergente com o nível transpessoal da psique. Considerando a experiência individual do arquétipo, o "Apocalipse" pressagia uma catástrofe *somente* para o ego teimoso racionalista e secular, que se recusa a conceber a existência de uma autoridade psíquica maior do que ele mesmo. Como não consegue ser flexível, tem que quebrar. Assim, "sonhos de fim do mundo" (invasão alienígena, bombas nucleares) não pressagiam em si uma catástrofe psíquica para quem sonha, mas podem, se devidamente compreendidos, se referir à vinda a exposição das manifestações do *si-mesmo* – o núcleo do psiquismo – e apresentar a oportunidade para uma ampliação da personalidade.

Jung está dizendo algo semelhante em *Mysterium Coniunctionis*, referindo-se à imagem de um terremoto em um texto alquímico: "Esta imagem quer significar que o alargamento da consciência representa primeiro abalo e escurecimento, e depois expansão do homem para atingir o homem total, ou simplesmente para atingir o homem" (OC 14/1, § 203). Ele fala com o mesmo respeito em seu ensaio *Sobre o Renascimento*, onde encontramos uma declaração bastante importante que discuto em "Ego e Arquétipo". Jung escreve:

> Num ponto culminante da vida em que o botão se abre em flor e do menor surge o maior, "um torna-se dois", e a figura maior – que sempre fomos, mas permanecia invisível – comparece diante do homem que fomos até então, com a força da revelação. O verdadeiramente pequeno e sem esperança sempre reduz à sua pequenez a revelação do grande e jamais compreenderá que o Juízo Final também despontou para a sua pequenez. O ser humano intimamente grande sabe, porém, que o amigo da alma, pelo qual há tanto ansiava, o imortal, chegou enfim de fato para levar "cativo seu cativeiro", aquele que sempre trouxe em si aprisionado a fim de capturá-lo, permitindo que a sua vida desembocasse em sua própria vida: um momento de perigo mortal! (OC 9/1, § 217).

A questão é que se entendermos a imagem do "Apocalipse" – quando o vemos em sua manifestação, tanto interna quanto externa – não precisamos ser dominados ou possuídos por ele. É uma ocorrência extraordinária, com toda certeza, mas agora é humanizada justamente por ser compreendido. Em minha opinião, à medida que nosso mundo se afunda cada vez mais na possessão deste arquétipo, nada é mais importante do que a existência de um certo número de indivíduos que entendem o que está acontecendo.

2 Apocalipse: capítulos 1, 2 e 3

2.1 A visão do *numinosum*

Comecemos nosso estudo do Apocalipse da forma mais apropriada com o capítulo 1, versículo 9, e, depois, seguindo o discurso introdutório e a saudação formal do autor:

> Eu, João, vosso irmão e companheiro na aflição, no reino e na perseverança em Jesus, estava na Ilha de Patmos por causa da palavra de Deus e do testemunho de Jesus. No dia do Senhor fui arrebatado em espírito e ouvi atrás de mim uma voz forte, como de trombeta, que dizia: "O que vês escreve-o num livro e manda-o às sete igrejas: Éfeso, Esmirna, Pérgamo, Tiatira, Sardes, Filadélfia e Laodiceia" (Ap 1,9-11).

Esta primeira cena – mostra o cenário do que está por vir – descreve uma experiência do *numinosum*[13]. Aprendemos

---

13. Nota do editor: cf. fig. 0.1. O substantivo "numinosum" é usado comumente por junguianos e estudiosos de religião. Este deriva do adjetivo "numinoso", cunhado por Rudolf Otto em sua grande obra *Das Heilige* (Breslau, 1917) traduzido para o inglês com o título um tanto impreciso, *Idea of the Holy* [Ideia do Sagrado]. Esses termos se referem à realidade divina independentemente da tradição; sua origem do Latim é *numen* – "aceno, o

que João, detido na Ilha de Patmos, é algo psicologicamente significativo se considerarmos a experiência da prisão, tanto objetiva como subjetivamente. Pois isso equivale a ter restrições severas impostas ao fluxo natural da libido: há um estreitamento, uma confinação, uma restrição e uma limitação. E, se considerarmos a experiência não apenas como um evento físico, mas também como algo que pode acontecer psicologicamente, então podemos nos imaginar "presos" por uma atitude de vida ou pelos próprios complexos neuróticos. Às vezes os complexos são tão severos que uma pessoa não pode sequer sair de casa.

Portanto, aqui, já no início do texto, há a imagem de "prisão". O produto psicológico dessa condição é um acúmulo de libido que não alcança sua descarga normal, natural e espontânea. Quando isso acontece, a energia pode atingir proporções explosivas; e, de fato, a erupção do *numinoso* é uma explosão psicológica. *O Livro do Apocalipse é, em si, uma explosão psicológica.* Existem verdadeiros fogos de artifício, explosões de proporções cósmicas. E, de fato, a revelação é um processo energético! O estar aprisionado, especialmente no sentido simbólico, é geralmente uma condição anterior necessária para essa explosão. Isso também ocorre em nossas prisões atuais; se a libido em um grupo tiver sido por muito tempo reprimida, ela pode explodir em forma de um motim.

De maneira característica a atenção de João se volta para uma "voz" que ele escuta atrás de si; isso significa que a voz vem do inconsciente. Como ele se sente obrigado a se virar para enfrentá-la, vê-se compelido – psicologicamente falando – a

---

aceno divino de aprovação, ou divindade". Assim, algo "numinoso" é "cheio do divino", carregado da consciência e do sentimento de estar na presença da realidade sagrada.

prestar atenção no inconsciente. Normalmente, ao realizarmos as coisas do dia a dia, não prestamos atenção ao inconsciente, é como se ele estivesse "atrás de nós", e o mundo externo e aquilo que prestamos atenção é o que está "a nossa frente". Mas, quando algo ocorre por detrás de nós (ou seja – de dentro), e então isso chama nossa atenção, temos que dar meia-volta. É isso que acontece com João – e é isso que o processo analítico realiza. É uma "volta deliberada" para olhar o que está às nossas costas, assumindo que pode ser útil saber o que está acontecendo "lá atrás" ou dentro de nós mesmos.

A análise, no entanto, vai mais longe do que João. Ela faz mais do que apenas dar meia-volta e escutar; ela sim se encaminha para o próximo passo, procurando promover um "diálogo" entre o ego e o inconsciente. Vemos que não há diálogo no Livro do Apocalipse, apenas uma comunicação de via única– uma voz que realiza os comunicados – e um ouvinte. Isto é o que chamaríamos de uma experiência visionária ou mística, uma experiência "unidirecional"; isto é imaginação passiva – e não imaginação ativa – e deve-se ter cuidado para fazer a distinção[14]. É, no entanto, o que os místicos de todas as idades se esforçam para conseguir. De forma particular, eles deliberada e voluntariamente geram "condições de prisão" dentro de suas psiques por meio do jejum, da solidão e de outros procedimentos

---

14. Nota do editor: O autor definiu esta técnica psicoterapêutica em *An Outline of Analytical Psychology*: "A imaginação ativa é um processo de participação consciente deliberada na fantasia. Muitas vezes ela assume a forma de um diálogo entre o ego e uma figura da fantasia – talvez a sombra ou a anima. Ela pode ser extremamente útil para trazer um conteúdo inconsciente à consciência, especialmente quando o ego sente que chegou a um impasse" (Edinger, 1968, p. 11).

similares a estes. Isto faz com que a libido seja armazenada no inconsciente que, sob certas circunstâncias, irrompe em forma de uma experiência visionária. Todas as "aventuras visionárias" fazem a mesma coisa. A fim de desenvolver a libido para criar a visão, essa energia tem que ser armazenada de uma forma ou de outra. Ela então se torna disponível para o inconsciente, que pode usá-la para "entrar em erupção".

Então o visionário tem um vislumbre da psique transpessoal, do inconsciente coletivo. E essa experiência será formulada de acordo com as concepções religiosas pelas quais o místico está vivendo; o místico terá todo um conjunto de imagens simbólicas pelas quais a experiência será interpretada. Essas podem variar, mas basicamente isto se trata de experimentar o que chamamos de inconsciente coletivo. E mais uma vez, de forma típica, as experiências recebem a maior valorização por aqueles que as experimentam e são consideradas muito valiosas para a vida do indivíduo. Mas, repito, elas não são *imaginação ativa* e não fazem parte do processo de individuação. A individuação requer uma participação ativa do ego no diálogo – entre ouvinte e voz – e depois a assimilação dos conteúdos que são transferidos de um nível para outro. A experiência mística visionária é algo diferente e nos oferece apenas um relance.

João, o visionário do Apocalipse, "volta-se para trás"; e é isso que que ele vê:

> Virei-me para ver quem falava comigo. Ao virar-me, vi sete candelabros de ouro. No meio, alguém semelhante a um filho de homem, vestido de túnica longa até os pés e com o peito cingido por uma faixa de ouro. A cabeça e os cabelos eram brancos como lã branca e como a neve. Os olhos eram como chamas de fogo. Os pés, semelhantes ao bronze incandescente no forno, e a voz, como a voz de

águas torrenciais. Na mão direita tinha sete estrelas, e da boca saía uma espada afiada de dois gumes. O aspecto do rosto era como o sol, quando brilha em toda a sua força.

O grande artista renascentista Albrecht Dürer produziu, como parte de sua série sobre o Apocalipse, uma xilogravura desta mesma escritura reproduzida aqui (cf. fig. 2.1).

FIGURA 2.1

Albrecht Dürer. *A visão de São João de Cristo e dos sete candelabros*. C. 1497-1498. Xilogravura.

Esta visão do *numinoso* contém uma riqueza imagética tão vasta que devo escolher, de forma mais ou menos arbitrária, um número específico de elementos a serem analisados. Os "sete candeeiros de ouro" é uma das primeiras coisas que João vê. Zacarias, o profeta do Antigo Testamento, também teve a visão de um castiçal contendo sete chamas; e foi dito a ele por um anjo que estas sete luzes eram os "olhos de Javé" que possuem alcance ao longo de toda terra[15]. Sabemos também que Yahweh – ao dar suas instruções para a construção da arca, do tabernáculo e de suas decorações – encomendou um candelabro com sete lâmpadas sobre ele. O que João vê, então, é o "original divino", por assim dizer, do candelabro terrestre ou *Menorá* que estava no tabernáculo; e, enquanto prosseguimos, veremos que todas as várias características do tabernáculo (incluindo a arca da aliança) têm suas origens celestiais reveladas nesta visão. É como se estivéssemos vendo o que Platão chamava de forma ou ideia desses elementos terrestres do tabernáculo.

Como Zacarias nos informa, estas sete luzes correspondem aos "sete olhos" de Deus que "se estendem por todo o mundo". Em *Resposta a Jó*, o próprio Jung se refere a esta imagem (OC 11/4, § 579). Ele considera o fato de que no início do Livro bíblico de Jó, satanás apareceu no céu após ter perambulado pelo mundo (acompanhado das outras luzes do candelabro divino) observando o que estava acontecendo. Isto traz à tona o rico simbolismo do "olho de Deus", que teremos ocasião de discutir logo mais. Mas aqui notamos que há um "processo de observação" acontecendo no início do Apocalipse – uma observação voltada para o ego.

---

15. Zacarias relata: "E ele perguntou-me: 'Que vês?' E eu respondi: 'Vejo um candelabro todo de ouro com um reservatório na parte superior; sete lâmpadas estão sobre ele e sete bicos para as lâmpadas estão na parte superior. E junto dele estão duas oliveiras, uma à direita do reservatório e outra à sua esquerda'. Então eu perguntei ao anjo que falava comigo: 'O que são estas coisas, meu Senhor?' E o anjo que falava comigo respondeu-me: 'Não sabes o que são estas coisas?' Eu disse: 'Não, meu Senhor!' E ele respondeu-me: 'Estas sete lâmpadas são os olhos do SENHOR, que percorrem toda a terra'" (Zc 4,2-10).

A propósito, este "candelabro de sete partes" (junto com as "sete estrelas" nesta parte da visão) também será uma referência aos "sete espíritos planetários". De fato, vamos ouvir muito o número sete neste livro bíblico. Pode-se dizer que o Livro do Apocalipse descreve uma série de investidas do arquétipo do "sete"; é realmente surpreendente quantas vezes a Terra é atingida pelo "sete", cujo significado tomaremos à frente.

Uma segunda imagem importante é uma figura "como um Filho do Homem". É uma citação direta de uma visão em Daniel, que foi registrada por volta de 165 a.C.; no entanto a própria imagem apareceu primeiramente em Ezequiel, escrita por volta de 575 a.C. Na verdade, o próprio Profeta Ezequiel foi chamado de "Filho do Homem". A frase aparece novamente por volta de 100 a.C. no Livro de Enoque, um texto não canônico; as primeiras cópias do cânon incluíam Enoque, que quase ingressou na lista oficial. E então, como Jung deixa claro, Cristo estava provavelmente quase que completamente identificado com a imagem do "Filho do Homem", conforme é retratado no Livro de Enoque. Ele estava ostensivamente sob esta expressão, se conclamando "Filho do Homem" por volta do ano 30 E.C. Sendo que o Livro do Apocalipse foi escrito cerca de 95 E.C., podemos observar nesta cronologia a varredura histórica que trata especificamente deste termo. Jung interpreta a sequência assim: Yahweh estava gradualmente se aproximando do homem ao apresentar uma figura messiânica, rotulada "Filho do homem", que poderia participar de sua própria natureza divina.

O que torna isto tão importante em termos psicológicos (o que retrata mais do que um mero interesse antiquado e merecedor de nossa atenção) é que estes dados nos ajudam a concluir que o *si-mesmo* "realizado" é o "Filho" do ego, ou do "homem". Encontra-se a mesma noção dentro da alquimia. Ali, a Pedra Filosofal – o objetivo supremo da alquimia – é chamada de *filius philosophorum*, "filho dos filósofos", em outras palavras, filho ou produto dos alquimistas. Isto significa que o objetivo psicológico supremo não tem a ver apenas com a criação de um arquétipo divino, mas também possui relação com a criação de um ego terreno. Ou, para colocar nos moldes de uma frase lapidária, como o próprio Jung colocou, "Deus precisa do homem". Tudo isso se encontra implícito na imagética do "Filho do homem".

Outra característica da experiência de João com o numinoso é a "luz brilhante". Tudo é branco, chegando até o semblante que brilhava com toda a força do sol – com a muito, muito brilhante luz. Considerando isso, o que temos aqui é uma imagem do "Sol" ou do Sol como o *si-mesmo*. Isso traz à tona uma pergunta: Como uma imagem pode representar o *si-mesmo*, a totalidade, enquanto contempla apenas um lado de um par de opostos? Pois, neste caso, os atributos solares são muito enfatizados enquanto o lado lunar, obscuro, não aparece. Concedo-lhes que mais à frente no Livro do Apocalipse, encontramos muita escuridão, mas esta imagem em si se encontra muito unilateral. O Filho do Homem, nos contam, é o "Primeiro e o Último", aludindo ao fato de que possui dimensões cósmicas (Ap 1,17).

Uma maneira de responder à pergunta que fiz é entender que a manifestação do si-mesmo é sempre local. É, portanto, corriqueiramente modificada, em certa medida, pela natureza das condições locais as quais o ego entra em experiência com – nomeadamente, do nível de desenvolvimento desse ego. O grau de unilateralidade daquele ego afetará a forma com que o *si-mesmo* se manifesta. Certamente, na experiência mística, a "luz brilhante" é uma característica muito comum da visão, tanto quanto no Livro do Apocalipse. Também é muito típico na experiência mística que esta seja precedida por uma "noite escura da alma". É como se a ênfase na luz ou na claridade estivesse carregando um aspecto *compensatório* de uma escuridão excessiva que o ego está experimentando. Agora, no caso de João, ele era o augúrio de um novo *aion* e de toda uma nova revelação que traria "luz" para a "escuridão" do paganismo: E isso pode ser outra razão que explica a ênfase desproporcional na luz. Além disso – como sempre – há o fato de que a atitude cristã em si, da forma como ela evoluiu, acabou por se identificar com a "luz", banindo as "trevas" tanto quanto possível.

Outra característica desta imagem é a "espada afiada saindo da boca". Pode-se considerar esta imagem como uma evidência da originalidade da visão, mas não é este o caso. Em Isaías, o servo de Yahweh diz: "Ilhas, escutai-me! Povos distantes, prestai atenção! Yahweh me chamou desde o seio materno; quando eu ainda estava no ventre de minha mãe, pronunciou o meu nome. Fez da minha boca uma espada afiada" (Is 49,1-2a). O autor do Apocalipse está absolutamente imerso em Isaías, sem mencionar os diversos outros livros da Bíblia. Mas o fato de uma referência do Antigo Testamento estar presente não elimina totalmente a possibilidade de que a imagem fosse um conteúdo da visão de João; ela só suaviza o seu tom de originalidade. Na imagem, dois signos distintos estão unidos: a "boca" e a "espada", e ambos têm a mesma referência arquetípica – a saber, o Logos. Essa é a coisa "afiada" que sai da boca: a palavra. Lembro que foi "João" que equiparou o Logos a Deus no primeiro capítulo do Evangelho de João; e esta conexão é feita somente em seus escritos. Portanto, aqui se encontra um bom argumento a favor de que a autoria do Livro do Apocalipse é de fato do Evangelista.

Certos discursos de Cristo o identificam com a "espada". Por exemplo, em Mateus se lê:

> Não penseis que vim trazer paz à terra. Não vim trazer a paz, e sim a espada. Pois vim separar o filho de seu pai, a filha de sua mãe, a nora de sua sogra. Os inimigos da gente serão os próprios parentes (Mt 10,34-36).

Esta é uma imagem que os alquimistas chamavam de *separatio*[16]. Psicologicamente, trata-se de uma imagem do processo discriminatório de consciência que "corta" o estado de *participation mystique* mantendo o sujeito contido em algo – para mudar a imagem – como se fosse em uma "sopa" coletiva. O *aion* cristão estava realmente pronto para iniciar um vasto processo de *separatio* ao qual esta "espada saindo da boca" alude. O espírito e a matéria estavam prestes a ser dilacerados violentamente.

Acho que temos que entender de que forma este evento histórico foi uma exigência para o desenvolvimento desta era: uma *separatio* do composto inconsciente tinha que acontecer de forma definitiva se quiséssemos ter a possibilidade de uma autêntica *coniunctio*. E acredito que estas reflexões são aludidas pela "espada na boca". É uma imagem que pode vir à mente quando alguém encontra sonhos com espadas (o que não é incomum), muito embora hoje não se veja espadas em sonhos com tanta frequência quanto tesouras, facas de cozinha, ou algum outro tipo de objeto cortante.

---

16. Nota do editor: Para um tratamento completo dos termos alquímicos e sua relação com a psicologia, cf. Edinger (1985).

2.2 As sete estrelas e os anjos das sete igrejas

Então nos dizem que as "sete estrelas" que estão nas mãos da misteriosa figura são os "anjos das sete igrejas". Na verdade, as sete estrelas, as sete lâmpadas, os sete anjos e as sete Igrejas são essencialmente a mesma coisa: o mesmo tema manifesto em diferentes níveis. O próprio "Filho do Homem" afirma: "O mistério das sete estrelas, que viste em minha mão direita, e o dos sete candelabros de ouro é este: as sete estrelas são os anjos das sete igrejas, e os sete candelabros são as sete igrejas" (Ap 1,20).

João é instruído a escrever cartas para os "anjos" das sete igrejas, cuja localização geográfica no mundo antigo constituía uma espécie de círculo na Ásia Menor. E elas são mencionadas por João no sentido horário, começando com Éfeso e terminando com Laodiceia (cf. fig. 2.2).

Figura 2.2

Agora, é bastante interessante o fato de que João esteja sendo instruído a endereçar sua correspondência a esses "anjos" das sete Igrejas e não diretamente às Igrejas. O que isso poderia significar? Alguns estudiosos bíblicos interpretam esses "anjos" como símbolos das "personalidades corporativas" das Igrejas, o que provavelmente não está longe do alvo, se levarmos essa frase a sério. Penso que temos aqui uma alusão a um assunto que a psicologia profunda ainda nem sequer começou a explorar. Mas aqui está um pensamento: Creio que estes "anjos" das sete igrejas se referem a personificações dos agrupamentos coletivos – ainda assim mantendo uma conexão profunda, como indicado por seu retorno às "estrelas" na mão do Cristo apocalíptico.

É possível discriminar, embora de forma um tanto arbitrária, as diferentes camadas do inconsciente coletivo. Se encaminhado para baixo, o primeiro nível do inconsciente coletivo é a camada ancestral familiar; o nível seguinte seria a camada nacional; seguida pela camada étnico-tribal que é mais antiga e mais primitiva do que a nacional; e indo ainda mais abaixo temos a camada animal; descendo, a camada vegetal; e finalmente temos a camada inorgânica na parte mais inferior[17]. O que parece é que, cada um destes grupos funcionais possui uma "alma coletiva" simbolizada ou por um "anjo" ou por um "demônio" – em essência, por um dinamismo psíquico intangível, embora esteja atrelado a sinais positivos ou negativos.

Agora, quando um indivíduo vive num estado de *participation mystique* com um grupo, a "alma coletiva" desse grupo é o espírito reitor ou a luz-guia dessa pessoa. Penso que é a este fenômeno que a escritura alude com imagem dos "anjos das

---

17. Nota do editor: cf. o sonho de Jung sobre a psique como uma "casa multinível" em Jung (1963, p. 158s.).

sete Igrejas". Mas, como tenho indicado, suas almas coletivas se encontram enraizadas em uma profundidade psíquica que não deriva de uma reunião concreta. Se indivíduos que pensam parecido se reúnem e formam um grupo – ou seja, uma "alma grupal" –, este é quase sempre constituído de determinada forma; pode ser, no entanto, uma alma grupal muito superficial. Por outro lado, se a alma grupal corresponde a uma das "estrelas" na mão da divindade ou a uma das "luzes" no candelabro divino, isso significa que o que foi constelado deriva de uma profundidade muito maior do que as ações dos indivíduos que compõem o grupo.

Estou me aprofundando neste assunto porque a psicologia junguiana tem uma contribuição real a fazer na criação de uma "psicologia de grupo arquetípica", um campo psicológico que ainda não existe. Von Franz, entretanto, descreve muito bem o grupo psicológico ideal em seu trabalho, *Reflexos da alma: Projeção e recolhimento interior na psicologia de C.G. Jung*:

> [L]aços com outras pessoas são produzidos pelo *si-mesmo*, e estas relações são reguladas quanto à sua aproximação e seu afastamento. Poderíamos descrever isto como a função social do *si-mesmo*. Cada pessoa reúne ao seu redor sua própria "família de alma", um grupo de pessoas que não fora meramente uma criação acidental ou gerado por uma motivação egoica, mas sim por um interesse ou uma preocupação espiritual de uma natureza mais profunda e essencial: uma individuação recíproca. Enquanto as relações baseadas tão somente na projeção são caracterizadas pelo fascínio e uma dependência mágica, este tipo de relação, por meio do *si-mesmo*, tem algo estritamente objetivo e estranhamente transpessoal sobre ela. O que dá origem a um sentimento imediato e atemporal de "estar juntos". Jung diz em outro momento que o laço habi-

tual do sentimento sempre contém projeções que devem ser retiradas para que se possa alcançar-se, assim como encontrar uma maior objetividade. "A cognição objetiva esconde-se por detrás da atração da relação afetiva; isto parece ser o cerne do segredo" (Jung, 1963, p. 297). Neste mundo criado pelo si-mesmo, encontramos todos aqueles a quem pertencemos, cujos corações tocamos; aqui "não há distância, mas presença imediata" (Jung, 2002, p. 307; von Franz, 1980, p. 177.).

Eu diagramei este "grupo ideal" para tentar tornar o assunto mais claro (cf. fig. 2.3). Neste cenário, cada indivíduo (representado pelos pequenos círculos) estabeleceu sua própria relação consciente com o *si-mesmo* (o grande círculo). Portanto, a relação que cada um tem com os outros no grupo é realmente uma experiência compartilhada dessa realização psicológica. Aqui, a "alma corporativa" – a experiência coletiva compartilhada em conjunto – foi adequadamente mediada por cada indivíduo para que seja de fato um "anjo guia". A consideração crucial é que cada membro do grupo tem uma relação consciente com o si-mesmo.

FIGURA 2.3

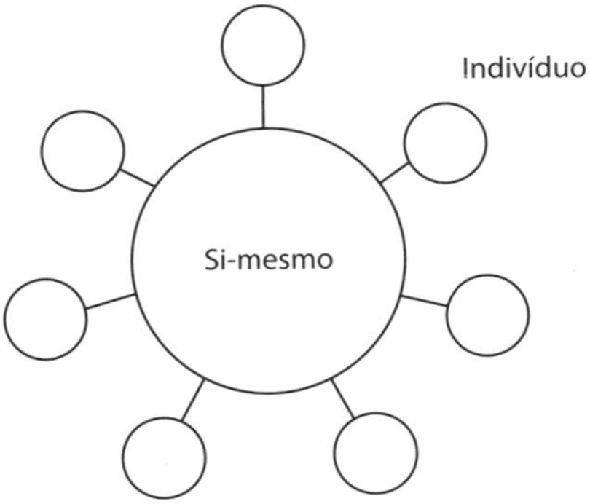

Indivíduo

Si-mesmo

Infelizmente, esta situação ideal não é o estado natural das coisas. Em vez disso, temos o seguinte arranjo psicológico (cf. fig. 2.4). Os membros de um grupo geralmente não têm relações conscientes com o si-mesmo. Em vez disso, a "alma grupal ou corporativa", em certa medida, carrega a projeção do si-mesmo para alguns ou todos os membros do grupo. E o resultado é que existe um grau de *participation mystique* ou identidade coletiva. O ego se encontra confortável nesta situação, desde que esteja em conformidade com a visão geral do grupo, ou com seu "espírito de grupo"

Figura 2.4

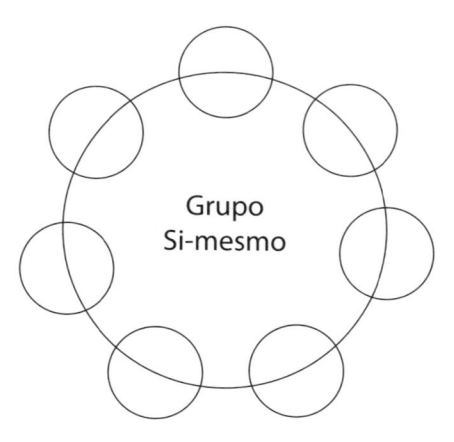

Grupo
Si-mesmo

Esse "espírito", no entanto, começa a revelar seu aspecto "demoníaco" sempre que um indivíduo vai contra ele. Em seguida, encontramos um fenômeno bastante comum, do grupo como um todo se opondo ao indivíduo que busca alcançar, com ou sem astúcia, um maior nível de autonomia sendo diferente. Jung fez uma importante declaração sobre este assunto em uma de suas cartas, que segue assim:

Mesmo um grupo pequeno é regido por um espírito sugestivo de grupo que, sendo bom, pode ter efeitos sociais benéficos, às custas, no entanto, da independência mental e moral do indivíduo. O grupo enaltece o eu, isto é, a pessoa torna-se mais corajosa, mais pretensiosa, mais segura, mais atrevida e imprudente, mas o si-mesmo é minimizado e relegado ao plano de fundo em benefício da média geral. Por isso todos os fracos e inseguros querem pertencer a sociedades e organizações, se possível a países com 80 milhões de habitantes. Aí sim o indivíduo é grande porque é idêntico a todos os outros, mas perde seu si-mesmo (isto é, a alma que é cobiçada e tomada pelo demônio!) e sem livre-arbítrio individual. Mas o grupo só imprensa o eu contra a parede quando este não mais concorda com o grupo em suas opiniões. Por isso a tendência do indivíduo no grupo é concordar o máximo possível com a opinião geral ou, então, impor sua opinião ao grupo. A influência niveladora do grupo sobre o indivíduo é compensada pelo fato de que um deles se identifica com o espírito do grupo e se torna líder. Por isso haverá no grupo sempre conflitos de prestígio e poder que se baseiam no egoísmo exacerbado da pessoa grupal. O egocentrismo social multiplica-se de certa forma com o maior número de membros do grupo (Jung, 2002b, vol. 2, p 387.).

2.3 Os sete dons para os vitoriosos

Sob ditame, João escreveu a partir de então cartas para as sete Igrejas na província romana da Ásia. Em geral, elas começam com comentários mais ou menos críticos ou ameaçadores, dirigidos ao anjo de cada igreja: "É melhor que te corrijas ou então o Cristo do fim dos tempos virá atrás de ti". No entanto, cada carta termina com a promessa de uma dádiva extraordiná-

ria, com a condição de "se fores vitorioso". Sabemos que João – à
medida que entendia a mensagem que estava entregando – se
referia à perseguição dos primeiros cristãos e à possibilidade
de martírio. Assim, ser vitorioso significaria concreta e literalmente ser fiel à fé, mesmo diante da perseguição e até mesmo
próximo à morte. Mas o que significava psicologicamente este
fato histórico do martírio cristão? Acredito que significava ter
sobrevivido ao que Jung chamava de "investida do instinto" –
um ataque contra o ego de afetividade desmedida e de grande
intensidade.

A este respeito, há uma declaração de Jung em *Símbolos
da transformação* da qual eu gosto bastante; e a usei como epígrafe para meu comentário a este trabalho, onde Jung escreve:

> Inicialmente ele aparece, portanto, sob uma forma inimiga,
> como entidade violenta contra a qual o herói precisa lutar.
> Isto corresponde à violência da dinâmica inconsciente.
> Nesta o deus se revela, e nesta forma ele deve ser vencido.
> A luta tem seu correspondente na luta de Jacó com o anjo
> de Javé no vau do Jaboc. O surto de violência dos instintos
> é vivência divina quando o homem não sucumbe à força
> deles, não os segue cegamente, mas defende com sucesso
> sua condição humana contra o caráter animal da força
> divina[18] (OC 5, § 524).

Essa é a dinâmica que vejo sendo encarnada no início da
Era Cristã. A "investida do instinto" – representada pelo Im-
pério Romano – estava se alimentando da recém-emergente
Igreja cristã; e os indivíduos que foram capazes de aguentar

---

18. Nota do editor: cf. tb. Edinger (1994c, epígrafe e p. 60), onde o autor diz:
"Há certos momentos na obra de Jung em que ele expõe as coisas com extrema clareza. Se você entender completamente esse parágrafo, compreenderá
a psicologia junguiana".

esse ataque no peito, mesmo à custa de suas próprias vidas, viveram concretamente este cenário psicológico descrito por Jung. Como aquele confronto e martírio foi concreto e literal, a "recompensa" era necessariamente projetada para o vitorioso como uma "vida após a morte", e por isso não era compreendida como uma conquista psicológica. Este fato não invalida a experiência histórica, mas a *"despsicologiza"* – enquanto hoje somos obrigados a retirar o maior número possível de projeções, incluindo projeções para uma "vida após a morte". O "Apocalipse", naturalmente, também foi projetado sob eventos históricos, bem como perante a vida dali para frente.

Deixe-nos agora considerar as "dádivas" por elas mesmas. (1) À Igreja em Éfeso foi prometida, como já vimos, a "árvore da vida" no paraíso. Esta é a mesma árvore da qual Adão e Eva foram separados quando expulsos do Jardim do Éden; um anjo com uma espada flamejante foi colocado de guarda para evitar que eles voltassem a ela. No entanto, J.M. Ford comenta que:

> Segundo o pensamento judeu, o paraíso e a árvore da vida iriam reaparecer no fim dos tempos [...] No Targum, Jonatã diz que Deus preparou o Jardim do Éden para que os justos pudessem comer do fruto da árvore como recompensa por terem praticado a doutrina da Lei neste mundo (Ford, 1975, p. 388).

Há outra referência mais ambígua que é altamente relevante. De acordo com uma tradição mística, o rabino Mehuniah estava sentado no templo de Jerusalém em êxtase, enquanto descrevia a seus alunos "as câmaras secretas de Merkabah", ou – o trono celestial de Deus. Sua mensagem era que apenas quatro rabinos conseguiram entrar no Jardim do Paraíso: Bem Azzai, Ben Zoma, Aher e Akiba. "O primeiro morreu, o segundo tornou-se insano, o terceiro apostasiou e o quarto sobreviveu" (Ford, 1975, p. 79).

Psicologicamente falando, isto é extraordinariamente interessante.

(2) A Igreja de Esmirna é informada:

> Não tenhas medo do que irás sofrer. O diabo vai lançar alguns de vós na prisão, para serdes provados, e tereis um sofrimento de dez dias. Sê fiel até à morte, e eu te darei a coroa da vida. Quem tem ouvidos, ouça o que o Espírito diz às igrejas. O vencedor não sofrerá o dano da segunda morte (Ap 2,10-11).

Aqui o presente para os vitoriosos é uma "coroa" da vida eterna. Esta coroa representa a *solificatio*, sendo ungida com uma qualidade semelhante à do sol; aqueles círculos dourados que circundam a cabeça, que muitas vezes vemos na arte, são halos de luz solar. E esta imagem surge na série de sonhos que Jung discute em *Psicologia e alquimia* (OC 12, § 67s.), com materiais adicionais a serem encontrados em *Símbolos da transformação* (OC 5, §, 289, 296). O que está sendo mencionado é a deificação do recipiente, identificando-o com o sol, assim como o Cristo dos últimos dias é identificado com o sol em virtude de sua descrição. Entretanto, isto pode ser considerado o conteúdo de uma psicose e se trata de uma imagem altamente ambígua quando encontrada clinicamente. Mas, no caso de uma individuação autêntica, ela representa a qualidade eterna, "real" de se conseguir uma conexão com a consciência transpessoal.

(3) A Pérgamo está prometida: "Tu dizes: Eu sou rico, enriqueci-me e não tenho necessidade de nada. Não sabes que és infeliz, miserável, pobre, cego e nu" (Ap 3,17). A referência imediata aqui é o sexto capítulo do Evangelho de João, onde Cristo diz:

Eu sou o pão da vida.

Vossos pais comeram o maná no deserto e morreram.

Este é o pão que desce do céu, para que não morra quem dele comer.

Eu sou o pão vivo descido do céu.

Se alguém comer deste pão viverá para sempre.

E o pão que eu darei é minha carne para a vida do mundo" (Jo 6,48-51).

Esta é uma referência ao aspecto nutritivo do contato com o si-mesmo, contato o qual transmite ao ego um sentido sobre o atemporal, revelando a dimensão eterna da existência simbolizada pela ideia de "vida eterna".

No entanto, o Apocalipse não se refere apenas ao *maná*, mas sim ao "*maná* escondido", ou seja, ao maná contido na arca da aliança que fora escondida por Jeremias em uma caverna no Monte Horeb, na época da conquista babilônica. Este relato pode ser encontrado em 2Macabeus (capítulo 2), enquanto o Livro de Hebreus (capítulo 9) confirma a tradição de que a arca continha não apenas as tábuas da Aliança, mas também uma "urna de ouro contendo maná" que sobrou do Êxodo. Presumivelmente, ele ainda está lá, ainda por ser encontrado, e o vitorioso receberá este "maná escondido" no final dos tempos[19]. Vemos aqui que uma rica tapeçaria simbólica se encontra por detrás do texto, contendo uma riqueza que faz parte da própria experiência que está sendo descrita. Quando alguém tem contato com o si-mesmo – a dimensão transpessoal – uma rede de imagens ricas se desdobra, e significado após significado se revela; a

---

19. Nota do editor: Um filme popular norte-americano, *Os caçadores da arca perdida*, o primeiro dentre muitos da "Saga Indiana Jones" aborda este tema.

pessoa se sente abençoada pela rede de significados que lhe é concedida a oportunidade de testemunhar.

Aos vitoriosos de Pérgamo também deve ser dada uma "pedra branca". Esta tem um paralelo com o *lapis alquímico*, a Pedra Filosofal, embora seja dito que a Pedra Filosofal alquímica seja vermelha. Este estado de avermelhamento, no entanto, só era alcançado após um processo de escurecimento e clareamento. O que temos, então, é a pedra em seu aspecto *albedo* – mais um exemplo de símbolo do *si-mesmo* no Livro do Apocalipse, um pouco distorcido por fatores locais. A ideia de dispensação cristã – que dividiu espírito e natureza, e depois se identificou com o espírito – foi em termos alquímicos uma grande e coletiva *separatio*, *sublimatio* e *albedo*. A "pedra branca", portanto, apresenta a *albedo* como a maior das realizações de alcance – apropriada apenas para aquela etapa histórica.

(4) João é instruído a escrever para a Igreja de Tiatira:

> E ao vencedor, àquele que conservar as minhas obras até o fim, darei autoridade sobre as nações. Ele as governará com cetro de ferro, e serão quebradas como vasos de barro. E assim como eu recebi a autoridade de meu Pai, também darei ao vencedor a estrela da manhã (Ap 2,26-28).

Esta é uma citação direta do Salmo 2, geralmente reconhecido pelos estudiosos judeus e cristãos como sendo um salmo messiânico. Ela se lê assim:

> Proclamarei o decreto do SENHOR.
>
> Ele me disse: "Tu és meu filho,
>
> eu hoje te gerei.
>
> Pede-me, e eu te darei as nações como herança,
>
> os confins da terra como propriedade;
>
> hás de esmagá-las com cetro de ferro,
>
> despedaçando-as como vaso de oleiro" (Sl 2,7-9).

Agora, como devemos entender psicologicamente esta "possessão do mundo"? Tomada literalmente, é claro, significa apenas que o apelo divino dará um poder militar ou político imbatível; e já houve muitos momentos assim onde a esperança Messiânica foi interpretada desta forma. Mas entendida psicologicamente, acho que estas escrituras se referem à sutil, mas poderosa eficácia psicológica que uma pessoa altamente consciente e individuada possui. Jung a descreve em uma passagem em *Presente e futuro*.

> Todavia, o que está a nosso alcance é a transformação dos indivíduos singulares, os quais dispõem da possibilidade de influenciar outros indivíduos igualmente sensatos de seu meio mais próximo e, às vezes, do meio mais distante. Não me refiro aqui a uma persuasão ou pregação, mas apenas ao fato da experiência de que aquele que alcançou uma compreensão de suas próprias ações e, desse modo, teve acesso ao inconsciente, exerce, mesmo sem querer, uma influência sobre o seu meio (OC 10/1, § 583).

Este é um fato muito importante a se ter em mente. Se alguém tem uma visão das próprias ações e encontrou acesso ao inconsciente, então esses fatos psicológicos se manifestarão; eles terão alguma eficácia – não para servir aos propósitos do ego, você entende – já que eles não estão sob controle do ego. Mas, na medida em que o indivíduo tem uma conexão com o *si-mesmo*, a eficácia do *si-mesmo* se torna operativa no reino humano. É assim que podemos entender psicologicamente a promessa de "autoridade sobre as nações".

(5) Aqui está o que aqueles em Sardes irão receber: "O vencedor se vestirá de vestes brancas, e eu jamais apagarei o seu nome do livro da vida. Recomendarei o seu nome diante de meu Pai e de seus anjos" (Ap 3,5).

Mais uma vez, temos uma referência à *albedo* como "vestes brancas". Isto também se refere ao primeiro estágio da *coniunctio*, que é chamada pelo alquimista Dorn de *unio mentalis*[20]. O "manto branco" representa a "purificação" do ego pela espiritualização que ocorre no primeiro estágio da *coniunctio*. No início da Era Cristã – quando a humanidade estava chafurdando na natureza e no instinto esse era o maior objetivo que poderia ser alcançado.

O "livro da vida" que é mencionado aqui é encontrado em outro lugar, por exemplo em Filipenses 4,3 e mais tarde em Apocalipse 21,27. A ideia é que Deus mantém um livro listando todos aqueles que têm direito ou estão destinados à vida eterna. Também se encontra em sonhos, de vez em quando, imagens de um "grande livro", uma espécie de registro transpessoal. É minha hipótese que, caso se chegue a uma consciência suficiente do todo e da integridade ao longo da vida do ego, então um depósito permanente dessa consciência será deixado na psique arquetípica – resultado simbolizado por ser "nomeado no livro da vida". Mas este *status* requer um certo grau de diferenciação individual. Na medida em que alguém seja meramente uma pessoa massificada (sendo apenas parte do conteúdo de um poço ou de uma "sopa coletiva") o "nome" deste não será escrito no "livro da vida". Esta é uma hipótese pessoal para a qual eu não tenho dados suficientes para realizar uma afirmação científica[21].

---

20. Cf. *Mysterium Coniunctionis*, OC 14/2, § 335, onde Jung descreve a *unio mentalisas* como "o tornar-se o 'um' interior, que hoje em dia designamos como individuação".

21. Nota do editor: O autor explora de forma significativa a importância desta ideia em seu trabalho *The creation of consciousness* (Edinger, 1984, p. 23s.).

(6) E aqui está o que o Cristo apocalíptico promete à Igreja da Filadélfia:

> Quanto ao vencedor, farei dele uma coluna no Templo de meu Deus, e daí nunca mais sairá. Escreverei sobre ele o nome de meu Deus, o nome da cidade de meu Deus – a nova Jerusalém que desce do céu, da parte do meu Deus – e também o meu nome novo (Ap 3,12).

Isso corresponde muito bem a uma passagem em 1Pedro, onde o discípulo Pedro diz:

> Aproximai-vos dele, a pedra viva, rejeitada pelos homens, mas escolhida e preciosa aos olhos de Deus. E vós também, como pedras vivas, tornai-vos um edifício espiritual e um sacerdócio santo, para oferecerdes sacrifícios espirituais, aceitos por Deus através de Jesus Cristo (1Pd 2,4-5).

A ideia é que os indivíduos possam ser "pedras" que irão construir um templo. Quando li sobre este dom em si, pensei imediatamente em um sonho relatado por Max Zeller em seu livro, *The Dream: The Vision of the Night* (1985, p. 2) e que o leitor pode encontrar citado em meu trabalho, *The Creation of Consciousness: Jung's Myth for Modern Man* (Edinger, 1984, p. 11).

> Um templo de grandes dimensões estava em vias de ser construído. Até onde pude ver – à frente, atrás, à direita e à esquerda – havia um número incrível de pessoas construindo sobre pilares gigantescos. Eu, também, estava construindo sobre um pilar. Todo o processo de construção estava em seu início, mas a fundação já estava lá, o resto do edifício estava começando a subir, e eu e muitos outros estávamos trabalhando nele.

Quando a Jung foi contado este sonho, ele disse: "Sim, você sabe, esse é o templo em que todos nós construímos. Não conhecemos as pessoas porque, acredite, elas constroem na Índia e na China e na Rússia e em todo o mundo. Essa é a nova religião. Você sabe quanto tempo levará até que ela seja construída [...] cerca de seiscentos anos" (Zeller, 1985, p. 2; Edinger, 1984, p. 11).

Finalmente, à sétima Igreja, de Laodiceia, está prometido isso: "Ao vencedor concederei sentar-se comigo em meu trono, assim como eu também venci e estou sentado com meu Pai em seu trono" (Ap 3,21).

O que o Cristo do Apocalipse está efetivamente dizendo é isto: "Eu farei de ti um rei, assim como eu sou um rei". Esta é basicamente a mesma ideia que a "coroação" que já discutimos. Com relação a esta questão de coroação e entronização – como se aplica à experiência psicológica – Jung fez uma declaração particularmente relevante. Ela pode ser encontrada em seu ensaio sobre "O desenvolvimento da personalidade" e em meu trabalho *O arquétipo cristão*. No encontro de Cristo com Pilatos, após sua prisão, Pilatos estava muito interessado em saber se Jesus realmente era um rei. Afinal, as pessoas o chamavam de "rei dos judeus", e os romanos estavam compreensivelmente à procura de figuras concorrentes. Então Pilatos perguntou a Cristo: "Tu és rei?" Jung uma vez destacou: "Ele respondeu: 'meu reino não é deste mundo'. Mas reino, são todos reinos" (Jung, 1977a, p. 9).

Aqui se encontra a tão importante declaração de Jung:

> A história da tentação mostra-nos claramente com que poder psíquico Jesus colidiu: o demônio do poder, existente na psicologia de seus contemporâneos, que no deserto o levou a uma grave tentação. Esse demônio era o psiquismo objetivo, que prendia em sua esfera de ação todos os povos do Império Romano; por isso podia o tentador prometer a Jesus todos os reinos da Terra,

como se quisesse fazer dele um César. Seguindo a voz interior, sua designação e vocação, Jesus se expôs de livre vontade ao ataque da presunção imperialista, que a todos inflava – vencedor e vencido. Com isso reconheceu a natureza da realidade psíquica objetiva que colocava o mundo inteiro em estado de sofrimento e ocasionava o desejo de salvação, expresso também pelos poetas pagãos. Esse ataque psíquico com o qual conscientemente se defrontou, ele nem o sufocou nem se deixou sufocar por ele, mas o assimilou. E deste modo surgiu do César dominador do mundo um reino espiritual, e do Império Romano o Reino de Deus, que é universal e não pertence a este mundo (OC 17, § 309).

Esta passagem – se o leitor refletir sobre ela – nos dá uma dica do que significa o "reinado psicológico" quando este é alcançado de forma consciente. Caso contrário, a pessoa cai em um estado de identificação com a "investida do instinto" e torna-se, ou tenta tornar-se, um rei concreto possuído pelo poder.

2.4 A porta, o ladrão e a chave

Nessas cartas às sete Igrejas da Ásia estão incorporadas outras imagens de importância psicológica. O Livro do Apocalipse, que contém essas imagens, é uma trama extremamente densa de alusões. Além do mais, é de imenso interesse para mim – e espero que para os outros, dissecar essa densa trama e puxar para fora alguns dos fios referenciais, mesmo que não possamos considerá-los todos. Um desses é a imagem de "bater à porta" que aparece em Apocalipse 3,20, como segue: "Já estou chegando e batendo à porta. Se alguém ouvir a minha voz e abrir a porta, entrarei em sua casa, e juntos faremos a refeição" (Ap 3,12).

Esta é realmente uma imagem comum nos sonhos, encontrar alguém "batendo à porta" – embora às vezes essa pessoa do sonho esteja fazendo um pouco mais do que bater, esteja empurrando a porta ou esteja na janela e é decididamente mais inoportuna. Isto é uma indicação de que o inconsciente está clamando para a admissão à consciência; e é importante seguir o procedimento interno adequado, em oposição ao procedimento externo apropriado. Se estranhos aparecerem à sua porta literalmente implorando por admissão, não é de todo aconselhável admiti-los com rapidez. No entanto, prevalecem regras bem diferentes na vida interior. Este é um princípio importante, pois observamos repetidas vezes que o ego do sonho se comporta em relação à circunstância interna da mesma forma que o faria na circunstância externa. Eventualmente, se uma certa sabedoria tiver sido trazida à problemática no nível consciente, o ego do sonhador reconhecerá na mesma hora: "Ó, isto pertence à outra categoria de experiência, e eu devo abrir a porta e mostrar hospitalidade imediatamente, mesmo que se trate de um estranho" (cf. Koenig, s.d.).

Outra imagem importante aparece em Ap 3,3 onde o Cristo diz a uma das Igrejas: "Lembra-te do que recebeste e ouviste. Observa-o e arrepende-te. Porque se não vigiares, virei como ladrão, e não saberás a hora em que vou te surpreender".

Este tema aparece em outro lugar, por exemplo, em Lucas:

> Tende as cinturas cingidas e vossas lâmpadas acesas. Sede como quem espera o seu senhor de volta das festas de casamento, para lhe abrir a porta quando ele chegar e

bater. Felizes os escravos que o senhor achar vigiando. Eu vos asseguro: Ele cingirá o avental, fará com que se ponham à mesa e os servirá. Se chegar à meia-noite ou às três da madrugada, e assim os encontrar, felizes serão eles! Vós bem sabeis que, se o pai de família soubesse a hora em que viria o ladrão, não deixaria arrombar-lhe a casa. Estai, pois, preparados, porque na hora em que menos pensais virá o Filho do homem (Lc 12,35-40).

Também considere a Primeira Epístola aos Tessalonicenses:

Quanto ao tempo e às circunstâncias, irmãos, não há por que vos escrever. Bem sabeis que o dia do Senhor chegará como o ladrão à noite. Quando disserem: "Paz e segurança", então de repente sobrevirá a ruína, como as dores do parto à gestante, e não escaparão (1Ts 5,1-3).

Esta imagem do Cristo apocalíptico como um "ladrão" incisivo se torna aplicável caso não se tenha prestado atenção a uma batida anterior mansa e educada. A resposta do inconsciente se torna mais inoportuna, forçando-se violentamente cada vez mais para dentro; às vezes isso se faz até literalmente, criando acidentes reais, para assim a atenção da pessoa ser retirada à força das preocupações externas quotidianas. Desse modo, a pessoa é deslocada à força para um outro nível.

Considere agora a imagem da "chave" em Apocalipse 3,7, onde o Cristo está falando de si mesmo: "Ao anjo da igreja de Filadélfia escreve: Assim diz o Santo, o Verdadeiro, que tem a chave de Davi, que abre e ninguém fecha, que fecha e ninguém abre" (cf. fig. 2.5).

Figura 2.5

A chave de Davi e a porta aberta. Iluminura tirada de *The douce Apocalypse*, século XIII. Biblioteca Bodleian, Oxford.

Esta é uma citação direta de Isaías onde Yahweh está falando com Sobna enquanto a Babilônia está sitiando Jerusalém; ou seja, este evento está ocorrendo em um momento apocalíptico na história de Israel. Yahweh diz a Sobna, que é o atual mestre do palácio, que ele está farto dos grandiosos caminhos de Sobna, se achando superior e, portanto, irá depô-lo de seu trabalho e entregá-lo a outra pessoa:

> Naquele dia chamarei o meu servo Eliacim filho de Helcias. Eu o vestirei com tua túnica, darei a ele o teu cinto e porei o teu poder em suas mãos. Ele será um pai para os habitantes de Jerusalém e para a casa de Judá. Colocarei a chave da casa de Davi sobre seus ombros: Ele abrirá e ninguém fechará, ele fechará e ninguém abrirá (Is 22,20-22).

Agora, por que falar tanto desta imagem da "chave"? É porque o grande evento escatológico do Livro do Apocalipse pode ser ligado a um evento específico, histórico, concreto e que envolve pessoas específicas. A conexão do geral com o específico demonstra que diferentes níveis da psique estão interligados dentro do texto desta escritura da mesma forma que acontece nos sonhos.

Quando se trabalha em um sonho, de qualquer magnitude que seja, encontra-se o mesmo fenômeno em seus diferentes componentes. Alguns aspectos do sonho derivam possivelmente do dia anterior; já outros aspectos derivam de sua própria história passada, de infância; enquanto alguns aspectos podem derivar do nível arquetípico que contém antecedentes históricos e paralelos de centenas de anos atrás. E esses fios serão todos entrelaçados na malha que é o sonho. Quais fios você reconhecerá dependerá sobretudo do seu próprio nível de consciência, assim como quais modelos da psique você já possui de antemão. Mas o intérprete dos sonhos não será capaz de enxergar além do que sua "escola" de psicologia permite. É por isso que é tão importante para os psicólogos analíticos estudarem a mitologia e as diversas manifestações das imagens arquetípicas: a menos que se esteja bastante familiarizado com estes materiais, não será possível reconhecer os fios mais recônditos que entrelaçam a trama espontânea do trabalho com os sonhos.

Há outras referências bíblicas importantes à "chave". Em Apocalipse 1,18 o Cristo diz: "Tenho as chaves da morte e do inferno". Em 9,1 um anjo recebe a chave do poço do abismo. Em Mateus, Cristo diz a Pedro:

> E eu te digo: Tu és Pedro e sobre esta pedra construirei a minha Igreja e as portas do inferno nunca levarão vantagem sobre ela. Eu te darei as chaves do reino dos céus, e tudo que ligares na terra será ligado nos céus, e tudo que desligares na terra será desligado nos céus (Mt 16,18-19).

Essa passagem em particular é a base para a reivindicação de autoridade da Igreja Católica Romana; a bula pontifícia retratou as chaves cruzadas destas "chaves do Reino de Deus". Todos esses dados significam que temos quatro tipos diferentes de chaves: 1) a chave concreta, literal e histórica do palácio de Davi; 2) as chaves mais simbólicas, que retratam a morte e o submundo; 3) a chave para o abismo; 4) e as chaves do Reino dos Céus. Psicologicamente, se deve entender que esta variedade de descrições se refere a diferentes aspectos da mesma "chave" – que basicamente representa aquela entidade viva, simbólica e eficiente em suas operações, e que "abre" o inconsciente. O inconsciente pode ser aberto em sua forma celestial, ou pode ser aberto por meio de uma forma infernal, ou ainda assim pode ser aberto no modo como se relaciona com situações concretas – como representado pela chave do palácio de Davi. A imagem da chave demonstra uma grande variedade de aspectos.

2.5 O arrebatamento

A imagem do "arrebatamento" (inclusa no gráfico do "arquétipo do Apocalipse", fig. 1.1) é introduzida como escritura por Apocalipse 3,10: "Uma vez que guardaste a minha palavra com perseverança, também eu te guardarei na hora da provação que está para vir sobre o mundo inteiro, a fim de provar os habitantes da terra" (Ap 3,10).

Este texto geralmente é tido por estudiosos fundamentalistas como uma referência a que os crentes serão poupados na época de grande tribulação, no momento em que virá o Cristo apocalíptico. Os justos devem ser arrebatados, retirados da terra e depositados com segurança no céu. Um suposto "texto de comprovação" disso é João 14,2 onde lemos: "Na casa de meu Pai há muitas moradas. Se não fosse assim, eu vos teria dito, pois eu vou preparar-vos um lugar" (Jo 14,2). No entanto, o principal texto sobre o "arrebatamento" é da Primeira Carta aos Tessalonicenses:

> Quando for dado o sinal, à voz do arcanjo e ao som da trombeta de Deus, o próprio Senhor descerá do céu, e os que morreram em Cristo ressuscitarão primeiro. Depois nós, os vivos, que estamos ainda na terra, seremos arrebatados juntamente com eles para as nuvens, ao encontro do Senhor nos ares. Assim estaremos sempre com o Senhor (1Ts 4,16-17).

Se observarmos certos evangelistas da televisão, fica claro que esta imagem é interpretada literalmente por muitas pessoas – é possível até mesmo imaginar um quadro do "arrebatamento" com carros abandonados nas autoestradas de Los Angeles – graças a uma crença de que foram "abduzidos" em meio ao ar! Esta é uma convicção generalizada e que merece séria consideração. Cerca de 50 a 60% da população americana acredita na interpretação literal da Bíblia, enquanto a ideia do "arrebatamento" é muito difundida entre as principais igrejas fundamentalistas. Esta crença permite que as pessoas antecipem os verdadeiros terrores do Apocalipse com relativa equidade, uma vez que elas certamente serão "tomadas" e poupadas.

Uma interpretação mais negativa se justifica, no entanto, para aqueles que esperam alegremente o resgate real de toda tribulação vindoura baseada em seu *status* e sua eleição. Tal estado de espírito é uma inflação desumana que busca a libertação permanente do ego e da materialidade. Abraçar tal fantasia escatológica e concretista significa, com efeito, que o indivíduo já foi "arrebatado" – (literalmente "tomado"). Estas pessoas, portanto, abandonaram a lealdade ao empreendimento de ser humano e abdicaram do compromisso deste processo histórico como um todo[22].

Aqueles de nós que estão psicologicamente mais alertas não podem levar estas imagens de forma literal, mas devemos sim entender que isto faz parte do "mito vivo" e merece de fato ser compreendido. Eu acredito que o "arrebatamento" se refere à capacidade de aguentar ou suportar grandes dificuldades e desgraças: desde que se entenda as circunstâncias para que algo seja significativo, e contando que se veja os eventos que geram sofrimento como parte de um padrão de significados maior do que a pessoa em si, e que esteja ligado a uma finalidade. Isso oferece ao indivíduo que sofre um ponto de vista "acima" das dadas circunstâncias, uma percepção que pode "sair para fora" dos acontecimentos imediatos e concretos. Isto com toda certeza não o coloca em um estado de bem-aventurança, mas de fato o coloca em uma posição onde os acontecimentos de sua vida se tornam suportáveis. A experiência psicológica confirma essa maneira de pensar; de que em qualquer momento pode-se entender o "arrebatamento" como um símbolo.

---

22. Nota do editor: Quando esse capítulo estava para ser finalizado, os jornais noticiaram o suicídio coletivo de 39 pessoas na Califórnia que pertenciam a uma seita apocalíptica chamada Heaven's Gate. Eles morreram deliberadamente para escapar do Armagedom e entrar diretamente no Reino dos Céus, encenando concretamente o arquétipo do "Arrebatamento". Sobre o assunto, cf. Apêndice II.

3 Apocalipse: capítulos 4 e 5

3.1 Realeza celestial

O capítulo 4 do Apocalipse continua a grande visão do numinoso com a imagem de Deus enquanto um grande rei, "Aquele que estava sentado no trono". Esta imagem opera ao longo de todo o Antigo Testamento, e é claro, onde Deus era pensado como rei do mundo; esta é bem ilustrada pelo Salmo 47:

> Povos todos, batei palmas,
> aclamai a Deus com vozes de alegria!
> Pois o SENHOR, o Altíssimo, inspira temor,
> é um grande rei sobre toda a terra.
> Ele submete os povos
> e as nações sob nossos pés.
> Ele escolhe para nós uma herança,
> o orgulho de Jacó, seu bem-amado.
> Deus subiu entre aclamações,
> o SENHOR, ao som da trombeta.
> Cantai louvores a Deus, cantai!
> Cantai louvores ao nosso rei, cantai!
> Porque Deus é o rei de toda a terra,
> cantai um belo cântico!
> Deus reina sobre as nações,

Deus assenta-se em seu trono sagrado.
Os príncipes dos povos reuniram-se
com o povo de Deus de Abraão.
Pois a Deus pertencem os soberanos da terra:
ele está acima de todos (Sl 47,2-10).

Esta imagem de Deus como "rei universal" é central para o arquétipo do Apocalipse. Tem um lugar de destaque no quadro acima (cf. fig. 1.1) e está relacionada com o termo técnico "Messias". Messias significa "ungido" em hebraico; a palavra "Cristo" é o termo grego equivalente para o "ungido". Assim, o rei na Bíblia é aquele que recebeu seu *status* real por meio de uma unção sagrada[23].

Já discutimos a declaração de Cristo enquanto "realeza" no inquérito de Pilatos e chamamos a atenção para a observação de Jung de que um reino "não deste mundo" é, não obstante, um reino. A questão é que o rei concreto representa o divino na terra, enquanto – psicologicamente – a imagem do "rei" representa o si-mesmo. De fato, é do si-mesmo que vem o "direito divino" dos reis. Há muitos *insights* psicológicos a serem adquiridos por meio do estudo da origem e evolução da realeza nas sociedades primitivas; e a obra de John Perry, *Senhor dos quatro quadrantes*, retrata muito bem este assunto. O autor reuniu materiais mitológicos referentes à realeza de

---

23. Nota do editor: A "unção" com óleo ou unguento no mundo antigo era uma atividade ritualística que conferia sacralidade (ou seja, fornecia o poder e a autoridade associados ao sagrado) a pedras ou árvores excepcionais, a sacerdotes, profetas e reis. O ponto psicológico parece ser que o que é dado na natureza ainda não está completo, que "algo sagrado" precisa ser acrescentado ao ego ordinário para dar-lhe o poder e a autoridade para se destacar, profetizar e governar: esse algo é a energia do arquétipo do si-mesmo no núcleo da psique.

todo o mundo, demonstrando como o governo humano evoluiu a partir do fenômeno da realeza sagrada – no qual o rei era literalmente o deus (Perry, 1966). "Rei", portanto, representa a autoridade máxima – e, na verdade, "autoridade" é o termo mais aplicável a esta imagem.

Isto traz à tona uma questão básica no percurso de uma autocompreensão progressiva: qual é a autoridade de alguém? Por qual autoridade em particular, em última instância, a pessoa vive sua vida; por quem ou pelo que é comandado? Não creio que esta pergunta seja feita profundamente com tanta frequência, mesmo que seja crucial. Quando digo que a imagem do "rei" é um símbolo do si-mesmo, isso significa que a autoridade última (se alguém chega à consciência disto) é interna. E na medida em que isto é conscientemente percebido, se alcança um ponto de apoio – um verdadeiro contrapolo que pode estar acima e contra o mundo. Se colocarmos o mundo em um lado de uma balança e o indivíduo em relação ao si-mesmo do outro, eles se equilibram. E este equilíbrio é uma exigência da consciência. É parte do simbolismo psicológico que está por detrás do drama de Cristo ser desafiado pelo Pilatos mundano. Cristo poderia identificar-se como um "rei não deste mundo", porque isto pertence ao simbolismo da individuação, relevante para todos os que adentram profundamente neste processo. Isso significa que qualquer pessoa que tenha uma relação consciente com o si-mesmo é, em certo sentido, um "rei". No entanto, é preciso dizer no mesmo fôlego que isso também significa ser um "servo" – porque, em última análise, não é o ego que é o rei.

Esta visão no quarto capítulo retrata na verdade um *mandala*: o trono divino no centro, o círculo externo de vinte e quatro anciãos em seus tronos, as quatro entidades semelhantes a animais, as sete luzes, e um mar de vidro ao redor.

3.2 O mar de vidro

Este "mar de vidro" é às vezes referido como um "mar de cristal", mas o termo grego aqui importante é *hyalos* que literalmente significa "vidro", apontando-nos para o simbolismo do vidro. João nos diz em seu livro: "Diante do trono havia como que um mar de vidro, semelhante ao cristal. No meio do trono e ao redor dele estavam quatro seres vivos, cheios de olhos na frente e atrás" (Ap 4,6). Como já mencionei, a "corte celestial" à qual o visionário foi chamado é o protótipo divino do tabernáculo terrestre; o que João vê acima corresponde ao mobiliário que existia no tabernáculo ou templo abaixo. E isto é verdade até mesmo sobre o "mar de vidro". Fora do templo em Jerusalém havia uma grande bacia com 4,5 metros de diâmetro e 22 metros de profundidade. Era chamada de "Mar" ou "Mar de Bronze" e era usada para banhos rituais (cf. fig. 5.1). Os gnósticos, no entanto, fornecem uma variação interessante sobre seu uso. De acordo com o apócrifo de João encontrado na Biblioteca Nague Hamadi, a Mônada divina é uma "monarquia" (alguém sentado em um trono) cercada por um mar de "água luminosa":

> Pois é ele que olha a si mesmo em sua luz envolvente, chamado de a fonte da água da vida. E é ele quem dá a todos em todo tempo e lugar e quem contempla sua própria imagem que ele vê na fonte do Espírito. É ele quem põe seu desejo em sua água de luz que está na fonte de pura água luminosa que o envolve (*The Apocryphon*, 1988, p. 107).

Deus contempla sua própria imagem refletida neste mar celestial diante de seu trono; e há uma sugestão de que este mar celestial é também uma agência para algumas emanações posteriores – já que seu "reflexo" foi transmitido deste modo para áreas mais distantes.

Discuti o simbolismo do "vidro" em outros lugares, porque a história do vidro e sua imagética é muito significativa em termos psicológicos (Edinger, 1995c, p. 164s.). O vidro foi descoberto no Egito provavelmente no século XVI a.c., e os egípcios posteriormente se tornaram altamente proficientes na fabricação de vidro. Mas, curiosamente, o vidro é mencionado apenas uma vez na Bíblia hebraica onde Jó fala sobre a Sabedoria: "Não se compara ao ouro e ao cristal, nem se troca por um vaso de ouro fino" (Jó 28,17). Em outras palavras, o vidro poderia ter um valor muito alto no Antigo Oriente Médio; mas talvez não fosse muito usado pelos próprios israelitas, como os estudiosos às vezes sugerem, devido à sua antipatia em relação aos produtos egípcios. Sugiro que esta antipatia também é contra o racionalismo grego, porque o "vidro" representa esse tipo de consciência. A palavra dos gregos para vidro (*hialos*) – que pode ter uma etimologia egípcia – nos deu "hialina", que significa vítreo; o termo médico, cartilagem hialina, refere-se a um tipo de cartilagem transparente vítrea. É uma característica marcante do vidro ser transparente, podermos ver através dele, mesmo que possua uma qualidade de durabilidade, indestrutível. Pode ser quebrado, é claro, mas não é biodegradável e possui uma validade indefinida. Esta é uma das razões pelas quais o "corpo vítreo" era sinônimo da indestrutível Pedra Filosofal da alquimia; *vitrum* é a palavra latina para "vidro". Vidro está associado a garrafas, janelas, óculos, espelhos, microscópios, telescópios – todas estas coisas que promovem a capacidade de ver. Assim, considero nosso vidro material como o equivalente terrestre (ego) do mar de vidro celestial (arquetípico) antes do trono de Yahweh.

Tudo isso é relevante para a interpretação dos sonhos porque o vidro não é uma presença incomum nos sonhos, muitas vezes como receptáculos, mas às vezes como janelas ou outros dispositivos que possibilitam enxergar. Eu geralmente considero estas imagens como uma referência à consciência racional atual de uma pessoa que contém sua visão de mundo. Se o sonho representa a "quebra do vidro", isso indica uma quebra de um determinado nível de consciência – com sorte, em preparação para uma ampliação. As visões de mundo de menor grau têm que ser quebradas para dar lugar às de maior. Em um sonho contendo uma "bomba atômica" que examinaremos abaixo, o sonhador caminha sobre a paisagem devastada para encontrar um amontoado de "vidro quebrado", o que podemos afirmar ser um elemento simbólico característico de nossa era. Um dos autênticos profetas de nosso tempo, o poeta T.S. Eliot, escreveu em *The hollow men* sobre pés de "'ratos' acima de vidro quebrado/ Em nossa adega seca". como sendo um sinal dos tempos (Eliot, 1963, p. 89).

3.3 Os quatro animais ou seres vivos

Precisamos agora considerar a visão de João sobre o que a Bíblia de Jerusalém chama de "os quatro animais" e a versão da Nova Jerusalém chama de "seres vivos" localizados ao redor do trono divino[24]. João escreve:

> Diante do trono havia como que um mar de vidro, semelhante ao cristal. No meio do trono e ao redor dele estavam quatro seres vivos, cheios de olhos na frente e

---

24. Nota do editor: aqui utilizaremos como referência o texto da Bíblia Vozes (2002), que também dá preferência ao termo "quatro seres vivos".

atrás. O primeiro ser vivo parecia um leão, o segundo era semelhante a um touro, o terceiro tinha rosto de homem e o quarto parecia uma águia voando. Os quatro seres vivos tinham cada um seis asas e estavam cheios de olhos em volta e por dentro. Não paravam, dia e noite, de aclamar: "Santo, santo, santo é o Senhor Deus, o Todo-poderoso, que era, que é e que vem" (Ap 4,6-8).

Esta imagem é uma variação ou uma simplificação da visão de Ezequiel, que retomei em "The mysterium lectures" e outros escritos (cf. Edinger, 1995c, p. 145s.; 1986b, p. 124s.). Ezequiel diz em seu primeiro capítulo que cada um dos quatro animais tinha quatro faces diferentes; mas aqui, as quatro faces estão distribuídas entre as quatro figuras. Em ambos os casos, temos uma quaternidade divina desde que estes animais rodeiam o trono; no entanto, a quaternidade é três quartos teriomórfica e apenas um quarto humana. Isso indica o nível de humanização da imagem de Deus que havia sido alcançada no momento da aparição desta imagem. Em contraste, hoje – nos mais desenvolvidos indivíduos modernos, como demonstrado pela análise profunda – encontramos imagens de Deus com os três quartos da imagem completamente humanizada. Existe, portanto, algo como um progresso psicológico, mesmo que o coletivo não demonstre esse potencial tão claramente. A este respeito, não devemos ser demasiado otimistas.

3.4 O cordeiro do apocalipse

Em seguida nos é apresentado o "Cordeiro":

Vi, então, na mão direita daquele que estava sentado no trono um livro escrito por dentro e por fora, selado com sete selos. E vi um anjo poderoso que proclamava em voz alta: "Quem é digno de abrir o livro e romper os selos?"

> Mas ninguém no céu, nem na terra, nem debaixo da terra
> era capaz de abrir o livro ou de examiná-lo. Eu chorava
> muito porque ninguém foi considerado digno de abrir o
> livro, nem de examiná-lo. Mas um dos anciãos me disse:
> "Não chores! O leão da tribo de Judá, a raiz de Davi, venceu.
> Ele abrirá o livro e os sete selos".
> Então vi no centro do trono e dos quatro seres vivos e no
> meio dos anciãos um Cordeiro, de pé, como que imolado.
> Tinha sete chifres e sete olhos, que são os sete espíritos
> de Deus, enviados por toda a terra. Ele veio receber o
> livro da mão direita daquele que estava sentado no trono
> (Ap 5,1-7).

Como devemos entender este Cordeiro? A palavra grega é *armion*, que pode ser traduzida como "cordeiro" ou "carneiro" – e a maneira como se traduz faz a diferença por conta dos diferentes conjuntos de associação que seguem. Quando João Batista viu Jesus pela primeira vez no Evangelho de João, exclamou: "Eis o Cordeiro de Deus que tira o pecado do mundo" (Jo 1,29b). Durante o Êxodo, na noite da Páscoa, o sangue do cordeiro sacrificial protegeu os israelitas do anjo vingador. Por outro lado, quando Abraão foi poupado do sacrifício de seu filho Isaac, ele encontrou um carneiro preso em um bosque que deveria fornecer o sacrifício substituto. E eu acho que é relevante o fato de que Áries, ou o "Carneiro" era o signo da primavera do zodíaco cuja era terminava na mesma época de Cristo, que representa o primeiro "peixe" na era/signo subsequente de Peixes. Isto significa que na imagem do carneiro estamos tratando de um "momento apocalíptico" – uma transição de um *aeon* para outro[25].

---

25. Nota do editor: Os astrólogos dividem a ampla varredura da história em períodos de aproximadamente dois mil anos, cada um deles é influenciado por

O carneiro, em seu comportamento e simbolismo, é um animal bastante irascível e agressivo; já o cordeiro, por outro lado, está associado à inocência e ao estado sacrificial. Mas não resta dúvidas de que o Cordeiro do Livro do Apocalipse se comporta um tanto como um carneiro; e como diz Jung, "ao todo deve ter parecido bastante horrendo" (OC 11/4, § 708). Ele tinha sete chifres e sete olhos (cf. fig. 3.1), e nos dizem especificamente que os sete olhos são os sete Espíritos de Yahweh que vagueiam pela terra. Isto indica que a natureza múltipla de sete da divindade foi consolidada na imagem do Cordeiro, os chifres correspondentes a várias potências divinas. Jung nos diz ainda em *Mysterium Coniunctionis* que o simbolismo teriomórfico indica a natureza transconsciente do conteúdo psíquico:

> A elevação da figura humana a rei ou a divindade, bem como o rebaixamento na representação teriomórfica a indica que os pares opostos apresentam um caráter que transcende a consciência. [...] Os pares de opostos formam muito antes a fenomenologia do si-mesmo[26] paradoxal, que é a totalidade humana (OC 14/1, § 4).

Em nosso texto, esses opostos são aludidos de forma sutil pela palavra *arnion* (que pode significar carneiro ou cordeiro), mais explicitamente pela imagem persistente do leão e do

---

seu signo do zodíaco. Assim, o período imediatamente anterior ao tempo de Cristo é designado como a "Era de Áries", cujo símbolo é o carneiro; enquanto o nascimento de Cristo inaugura a "Era de Peixes", simbolizado por dois peixes. Nós, então, estamos dentro ou prestes a entrar na "Era de Aquário".

26. Nota do editor: O editor da versão em inglês da *Collected Works* de Jung não deixa em letra maiúscula o self. A versão em português também usa inicial maiúscula não para si-mesmo. Em Alemão, todos os nomes são com inicial maiúscula. O desejo de Jung, entretanto, era claro: em suas *Cartas*, ele escrevia em inglês, e iniciava com maiúsculo o termo Self, como em Jung (1975, vol. 1, p. 427; vol. 2, p. 571).

cordeiro. Dizem-nos que o "Leão da tribo de Judá" triunfou, mas somos imediatamente apresentados a um Cordeiro: o leão e o cordeiro certamente são opostos. O "Leão de Judá", aliás, é um título messiânico que remonta a Gênesis 49,9: "Filhote de Leão, Judá! Voltaste da caçada, meu filho. Agacha-se e repousa, como leão e como leoa; quem irá despertá-lo?" O leão e o cordeiro – como antíteses – representam a natureza dupla deste rei apocalíptico ou Messias, como Jung discute em Aion (OC 9/2, § 167s.). Mas o significado psicológico é que quando encontramos uma manifestação do si-mesmo, os opostos são uma parte proeminente de sua fenomenologia. E o leão e o cordeiro – o carneiro e o cordeiro – são exemplos deste fenômeno.

Figura 3.1

Artista desconhecido. *Cordeiro de Deus*. Séculos XI/XII. Afresco na abóbada da Igreja de Sant Climent de Taüll

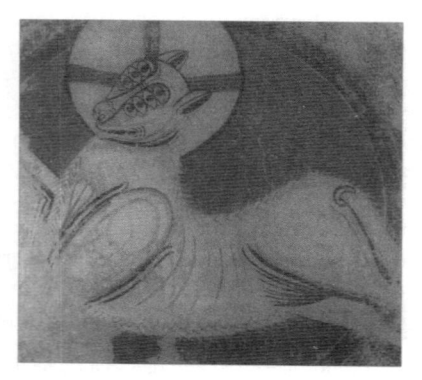

3.5 O olho de Deus

Foi-nos dito que o Cordeiro apocalíptico tinha sete olhos, que são os sete olhos de Deus. Esta imagem do "olho de Deus" é muito importante, como discuto profundamente em outro momento (Edinger, 1984, p. 35s.); e é crucial para o arquétipo do Apocalipse (cf. Elder, 1996, sobre o "The Eye"). A chegada do si-mesmo à visibilidade é acompanhada pela experiência do ego ao ser observado, de ser despojado de todos os disfarces e visto *exatamente pelo que se é*. Essa não é uma experiência fácil de suportar. Ela tem a natureza do chamado "Julgamento Final", que não é uma fabricação de sacerdotes imposta a seres humanos que estão do lado de fora; é, na verdade, uma realidade psíquica arquetípica projetada do inconsciente para dentro do material mitológico. Praticamente todas as religiões do mundo têm a noção de um Juízo Final – não necessariamente vindo em algum tempo futuro, como no Livro do Apocalipse, mas se aproximando logo após a morte. Este julgamento objetivo (frequentemente projetado na vida após a morte) é, todavia, uma experiência que não necessariamente se precisa morrer para ter.

Em sua coleção de sonhos apocalípticos, *Dreaming the end of the world*, Michael Ortiz Hill registra o sonho de um Dr. Michihiko Hachiya. Pode-se notar que este autor não é um analista, e sua abordagem não é primordialmente psicológica (suas generalizações têm uma qualidade quase budista), mas ele é claramente envolvido pelo arquétipo do Apocalipse e tem uma séria preocupação com a catástrofe que está por vir. Enquanto Hill não nos conta praticamente nada sobre a realidade intrínseca dos sonhadores, (tão essencial para a compreensão neste caso) – aprendemos que um homem japonês sonhou o seguinte em 24 de agosto de 1945, cerca de três semanas depois de experimentar o bombardeio nuclear de Hiroshima:

> [Parece que] eu estava em Tóquio após o grande terremoto e ao meu redor estavam corpos em decomposição amontoados em pilhas, todos olhando diretamente para mim. Eu

vi um olho na palma da mão de uma garota. De repente, ele virou e saltou para o céu e depois voltou voando na minha direção, de modo que, olhando para cima, pude ver somente um grande globo ocular, de proporções extraordinárias pairando sobre minha cabeça e olhando fixamente para mim. Eu incapacitado de mover-me. Despertei com falta de ar e com o coração palpitante (Hill, 1994, p. 67).

Vejam o que aconteceu aqui: Um homem teve a experiência destruidora de realmente testemunhar uma explosão de bomba nuclear, uma experiência ativadora do arquétipo do Apocalipse dentro de sua psique – que por sua vez se expressa como o "olho do Outro" escrutinando o sonhador. Não há nada sobre ser vítima de uma bomba nuclear que remeta à ideia de ser olhado por um grande olho nu: essa imagem vem da psique. É a resposta da psique a esta terrível experiência. Em mais um sonho, uma grande bola de fogo é descrita (cf. fig. 3.2); e o sonhador relata: "A bola de fogo é fixa, mas se move, olhando para mim como um olho" (Hill, 1994, p. 83).

Figura 3.2

Jan Provost (1465-1529). *Alegoria*. Século XVI. Louvre, Paris.

3.6 O poder do sacrifício

O Livro do Apocalipse tem mais a dizer sobre o Cordeiro:

> Ele veio receber o livro da mão direita daquele que estava sentado no trono. Ao recebê-lo, os quatro seres vivos e os vinte e quatro anciãos prostraram-se diante do Cordeiro, tendo cada um sua cítara e taças de ouro cheias de perfumes, que são as orações dos santos. Cantaram um cântico novo, que dizia: "Digno és de receber o livro e de abrir-lhe os selos, porque foste imolado e com teu sangue adquiriste para Deus gente de toda tribo, língua, povo e nação. Deles fizeste para nosso Deus um reino de sacerdotes, e eles reinarão sobre a terra".
>
> Na minha visão, ouvi a voz de muitos anjos que estavam ao redor do trono, dos seres vivos e dos anciãos. O número era de milhares e milhares, de milhões e milhões, que proclamavam em voz alta: "O Cordeiro imolado é digno de receber o poder, a riqueza, a sabedoria, a força, a honra, a glória e o louvor" (Ap 5,7-12).

Esta passagem indica que o sacrifício pode gerar um enorme poder; porque é especificamente o "poder" e a "glória" que é imputado ao Cordeiro pelo fato de ter sido sacrificado. Ele adquiriu seu poder por meio de seu sacrifício de sangue. E isso levanta a complexa questão de como devemos entender o "sacrifício" de maneira psicológica.

Felizmente, temos uma esplêndida discussão sobre este assunto por Jung. Pode ser encontrado em seu ensaio sobre os *Símbolos da transformação na missa*, especificamente na seção "Sobre o significado psicológico do sacrifício" (OC 11/3, § 381s.). Aqui, Jung adentra todos os detalhes, concretos e pessoais – um estilo pelo qual ele não é conhecido em seu trabalho posterior. Ele discute o que significa para um indivíduo realizar um sacrifício, para essa pessoa desistir de algo de valor, para oferecê-lo como um presente; e ele diz que tais presentes sempre trazem consigo uma "exigência pessoal". Lembremo-nos disso: ninguém, nem mesmo uma pessoa particularmente generosa, pode escapar da natureza da psique que taxa uma exigência de cada presente, o que Jung chama de "intenção implícita de receber algo em troca" (OC 11/3, § 390). A única questão é se alguém está ou não consciente desta condição. Isso faz toda a diferença: se estivermos conscientes de nossa exigência, então podemos sacrificá-la – pois está em nossas mãos começar. Mas se uma pessoa não está consciente da intenção de receber algo em troca, ela não foi possuída e não pode ser abandonada. Jung escreve:

> O que eu sacrifico é minha pretensão egoística e com isto, ao mesmo tempo, renuncio a mim mesmo. Por esse motivo, qualquer sacrifício é, em maior ou menor grau, um sacrifício de si mesmo. O grau depende da importância do dom que se faz. Se minha oferenda é algo precioso para mim e toca meu sentimento pessoal, então posso estar certo de que a renúncia à minha pretensão egoística provocará a rebeldia de minha personalidade egoística. Também posso ter a certeza de que o poder que reprime tal pretensão me reprime e, consequentemente, deve ser o si-mesmo. Assim, pois, o si-mesmo é aquilo que me leva a sacrificar e até mesmo me compele a oferecer o sacrifício. O si-mesmo é o sacrificante e eu sou a vítima sacrificada, isto é, o sacrifício humano (OC 11/3, § 397).

Jung examina a situação clássica de Abraão que foi comandado a sacrificar seu próprio filho, e depois continua:

> Porém, como a relação do eu para com o si-mesmo corresponde à relação do filho com o pai, podemos dizer que o si-mesmo, compelindo-nos ao autossacrifício, realiza o ato sacrifical em si próprio. [...] Vimos anteriormente que só pode haver sacrifício quando o si-mesmo o executa em nós

de maneira perceptível e inequívoca. Podemos também aventar a ideia de que, estando o si-mesmo para conosco na mesma relação que o pai para com o filho, o si-mesmo sente de certo modo o nosso sacrifício, como sendo um autossacrifício. Nós ganhamo-nos a nós mesmos com o autossacrifício, ganhamos o si-mesmo, pois só damos o que temos. Mas o que é que ganha o si-mesmo? Vemos que ele se manifesta, que se desliga da projeção inconsciente, que entra em nós, que de nós se apodera, passando então do estágio de dissolução do inconsciente para o estágio consciente e do estágio em potência para o estágio em ato. Não sabemos o que ele é no estágio inconsciente. No entanto, sabemos agora que ele se tornou homem, tornou-se o que somos (OC 11/3, § 398).

O sacrifício (cf. tb. Edinger, 1972, p. 96s.) é então, um processo que corresponde ao mito da encarnação. É um processo que explica o porquê de o cordeiro sacrificial possuir tanto poder (cf. fig. 3.3).

Figura 3.3

William Blake. *E o meu servo Jó intercederá por vós*, de Ilustrações do Livro de Jó. 1826. Gravura.

O arquétipo do "Sacrifício", naturalmente, também pode se expressar de forma psicopatológica; pode ser pervertida. Os assim chamados complexos de mártires são um exemplo disto. E não é raro ver alguém (muitas vezes uma mulher) que se apresenta como a "sofredora", mas que possui um "punho de ferro" logo abaixo desta aparência imediata/inicial – que conclama algo que é totalmente inconsciente para a própria pessoa, mas um tanto evidente para todos os outros. Ou pode haver outros casos em que a vida fora do papel de mártir tem um efeito que nem é tão relacionado a um tema de poder contra o ambiente, mas sim – mais interiormente – contra o próprio impulso pessoal de desenvolvimento. Então a perversão do verdadeiro sacrifício se torna um meio de dificultar o autodesenvolvimento psicológico, impedindo que a pessoa se confronte com a vida real.

Com relação a esta questão do desenvolvimento barrado, vamos notar que às vezes é uma questão de ter ignorado em si a própria função inferior – projetando-a em vez disso sobre um cônjuge ou um filho. E quando essa criança sai de casa para viver sua própria vida ou o cônjuge morre ou há um divórcio, a experiência pode ser tão catastrófica que imagens do arquétipo do Apocalipse aparecem nos sonhos. Isto se deve ao fato de que quando alguém encontra voluntariamente ou é forçado por circunstâncias difíceis a encontrar a quarta e última função – a que "a natureza trabalhou somente um pouco" – ela arrasta consigo todo o inconsciente coletivo. O estado primitivo dessa função carrega o poder do si-mesmo primitivo: e não é mais adequado descrever a experiência em termos de tipologia, porque o esquema tipológico foi transcendido pelo tema muito mais amplo da "revelação". Isto é, naturalmente, o significado de "apocalipse" com todas as suas características ambíguas.

4 Apocalipse: capítulos 6 e 7

4.1 O número sete

Neste grande mar de imagens que pode tão facilmente nos inundar, gostaria agora de retomar o simbolismo do número "sete". O Apocalipse já nos apresentou um livro (um "pergaminho" na tradução) que tem sete selos ou fechos; e estes devem ser abertos um a um. Aqui, então, se encontra a imagem do sete. Mas já o encontramos em capítulos anteriores: sete lâmpadas diante do trono de Deus, sete estrelas na mão do Cristo apocalíptico, sete anjos, sete igrejas; sete chifres e sete olhos sobre o Cordeiro; e agora estes sete selos no pergaminho, que, como vamos aprender, levam a sete trombetas. O número "sete" está sendo berrado para nós! De fato, pode-se dizer que todo o Livro do Apocalipse é um bombardeio com o arquétipo do "Sete" – continuando infinitamente[27]. Merece, portanto, nossa atenção redobrada.

---

27. Nota do editor: Quispel, em sua obra, *O livro secreto do apocalipse*, acrescenta à lista: "sete trovões, sete cabeças sob o dragão e a besta, sete pragas, sete montanhas, sete reis, e "provavelmente também sete milênios de história do mundo" (1979, p. 26). O pensamento de João parece ser domina-

No entanto, é difícil para a mente moderna apreciar a forma como os antigos pensavam os números. Jung nos diz que "Números" são arquétipos; e à medida que se faça alguma conexão com o inconsciente, começa-se a sentir a numinosidade que acompanha certos números. Os antigos não estavam tão distantes da origem dos números como nós estamos; e assim eles tinham noção dessa numinosidade, um sentimento pelo qual atualmente chamamos de aspecto qualitativo, em oposição ao aspecto quantitativo. Este aspecto qualitativo dos números foi quase totalmente perdido hoje em dia, mas ainda era familiar ao filósofo judeu Fílon de Alexandria (séc. I) que escreveu um elogio ao número sete. Como exemplo da reação da mente moderna ao arquétipo, Nahum Glatzer cortou fora esta parte de seu trabalho, *The essential Philo* (1971), que é uma extensa excursão ao redor do "sete". Editou esta obra por considerá-la demasiado pitoresca ou bizarra para ser relevante e, portanto, não digna de nossa homenagem.

Fílon escreveu um ensaio sobre a Criação – este mesmo um comentário sobre o Gênesis – onde ele fala dos seis dias dos atos criativos de Deus, seguidos pelo significativo sétimo dia de descanso. Ele nos conta:

> Agora, enquanto o mundo inteiro havia sido completado em consonância com as propriedades do *seis*, um número perfeito, o Pai investiu com dignidade o sétimo dia que procede, exaltando-o e pronunciando-o santo; pois é o festival, não pertencente a uma única cidade ou país, mas ao universo, e só este merece ser chamado estritamente de "público" como pertencente a todas as pessoas e ao

do por esta figura. Não é de forma alguma improvável que ele tenha deliberadamente dividido seu livro em sete partes, como foi suposto na Idade Média".

> aniversário do mundo. Duvido que alguém possa celebrar adequadamente as propriedades do número 7, pois elas estão para além de todas as palavras. No entanto, o fato de ele ser mais maravilhoso do que tudo o que é possível ser dito sobre ele, não é motivo suficiente para manter o silêncio a respeito (Fílon, 1929).

De fato, Fílon de Alexandria continua retratando e descrevendo este maravilhoso e inefável "sete" por cerca de 20 páginas. Em parte, diz ele:

> 7 (ou "sétimo") exibe mais uma beleza que lhe pertence, um objeto muito sagrado para nossa mente refletir. Sendo composto como é de 3 e 4, é uma apresentação de tudo o que é naturalmente firme e reto no universo. Como é isto, devemos apontar. O triângulo em ângulo reto, que é o ponto de partida para formas bem definidas, é composto de certos números, como o 3 e 4 e 5: 3 e 4, as partes constituintes de 7 produzem o ângulo reto [...] Agora, se o triângulo em ângulo reto é o ponto de partida de forma definida, e o fator principal neste triângulo – ou seja, o ângulo reto – é fornecido pelos números que constituem 7, ou seja, 3 e 4 juntos, 7 seria adequadamente considerado como a nascente de todas as formas, assim como de cada forma permanente. [...] Então augusto é a dignidade inerente por natureza ao número 7, que tem uma relação única que o distingue de todos os outros números dentro desta mesma década. [...] É a natureza de 7 por si só, como já disse, nem para gerar, e nem para ser gerado (Fílon, 1929).

Na discussão das propriedades do triângulo encontradas aqui, o leitor pode reconhecer o Teorema de Pitágoras da geometria. Fílon também está dizendo que sete é um número primo, que não tem fatores ou não é um múltiplo de algum número (neste esquema, um não é um número real). Portanto, sete não é "gerado já que dentro da série de dez (a "década") não há espaço para gerar; um múltiplo de sete (como sete vezes dois) iria para além da série de dez. Enquanto observamos na discussão de Fílon como os antigos eram fascinados com as propriedades dos números primos, também somos capazes de testemunhar a forma como a mente da Antiguidade ainda estava em contato com o simbolismo vivo e poderia pensar em números enquanto sendo "que engendrou" ou "que foi engendrado" (Westcott, 1890).

Agora devemos nos perguntar o que significa ser soterrado pelo número "sete", como somos no Livro do Apocalipse. Recordemos itens importantes onde este número surge em nossa cultura em geral. Existem os sete dias da criação; os sete dias da semana e sete metais básicos da alquimia, ambos derivados dos sete planetas do sistema ptolomaico; Shakespeare nos informa que existem sete idades ou estágios da vida, uma noção que remonta ao Sólon, um ateniense do século VI a.C.; e, há as sete maravilhas do mundo; sete pecados capitais; sete dons do Espírito Santo – e a lista segue em diante. Mas, entre estes, a referência mais importante é a dos sete planetas da Antiguidade que eram considerados como uma "escada planetária"[28]. A alma ascendente tinha que subir os sete degraus desta escada planetária para alcançar o oitavo degrau – que era a esfera das estrelas fixas e, portanto, a esfera dos dons do Espírito Santo, o Eterno. Em *Psicologia e alquimia*, Jung apresenta alguns sonhos em uma reflexão que envolve o número sete. No sonho a seguir, há

---

28. Nota do editor: Os sete "planetas" eram, em sua configuração clássica e em ordem da distância da terra: Lua, Mercúrio, Vênus, Sol, Marte, Júpiter e Saturno.

a imagem de "muitas escadas", "O pai exclama ansiosamente, 'Esta é a sétima'" (OC 12, § 82). Por que o pai deveria estar tão ansioso? A resposta é que este número se encaixa com a imagem do Apocalipse – sobre a qual é apropriado encontrar-se ansioso. A conexão da escada planetária com a simbólica da iniciação global indica que um dos significados básicos do número "sete" é que ele simboliza o processo de transformação psicológica: movendo-se por meio de uma série de etapas como parte de um processo iniciatório.

"Sete" é, então, não apenas um número inteiro, mas uma imagem de desenvolvimento. Por exemplo, em Provérbios, lemos: "Pois, ainda que caia sete vezes, o justo se levantará, enquanto os malvados sucumbem na desgraça" (Pr 24,16). Isto ilustra o ponto que Fílon defende: o fato de que o número sete é uma imagem transformadora. Além disso, também como aponta Fílon, sete é, substancialmente, a soma de três e quatro. Discuti este simbolismo do "três e quatro" no capítulo "O arquétipo da Trindade e a dialética do desenvolvimento" em meu livro *Ego e arquétipo* (1972) e considero ali o simbolismo do número "três" para referir-se muito frequentemente ao ego. Isso porque o número se refere a processos no tempo e no espaço que passam por uma sequência tripla (por exemplo: passado, presente e futuro; início, meio e fim). Por outro lado, "quatro" é o número de completude além do espaço e do tempo (que são, por sinal, categorias de consciência) e, portanto, tendem a representar a "Eternidade" estática.

Se aplicarmos estas considerações à relação entre os números três e quatro, estas também podem ser aplicadas – como aponta Jung – à relação entre os números sete e oito. Sete se aproxima da imagem de oito enquanto uma "totalidade"; ainda assim, sete, como o três, é uma sequência de estágios ou uma "escada" em um processo vital. Sendo reducionista – para que esse tema fique gravado na mente – eu sugiro que o "três" se refere ao processo das operações egoicas que têm a possibilidade de encaminhar para a experiência do si-mesmo, visto pela perspectiva do ego. Por outro lado, "sete" se refere a um processo de uma sequência dinâmica baseada no si-mesmo, levando a uma experiência do si-mesmo do próprio ponto de vista do si-mesmo. Como já indiquei anteriormente, o tema básico do processo apocalíptico é a chegada do si-mesmo à realização consciente, o que caracteristicamente traz consigo uma grande quantidade de ansiedade. Podemos compreender o sonho que ansiosamente revela que o "sétimo" está a caminho, se percebermos que o número "sete" é o processo pelo qual o si-mesmo se autorrealiza através de seus próprios termos.

Um item conclusivo nesta seção, para que o leitor possa refletir, é o alquímico "oculto Setenário mágico" – para o qual eu forneço o diagrama do *Mysterium Coniunctionis* de Jung (cf. fig. 4.1). O "pequeno círculo interno" corresponde, para Jung, à fonte mercurial encontrada nas imagens do *Rosarium* que está no ensaio "A psicologia da transferência"[29]. As letras A

---

29. Em *Mysterium Coniuctionis*, Jung relata sobre o tratado alquímico, como segue: "O texto apresenta para isso o diagrama seguinte: B C D E representam os opostos mencionados, A indica a fonte ou o começo e ao mesmo tempo a meta, F G indicam superior e inferior; 'estas letras, como diz o texto, representam juntas com clareza o número sete, que é oculto e mágico'. O centro A – origem e fim, *'Oceanus sive mare magnum'* – é designado em outra passagem como *'circulus exiguus'* (um círculo muito pequeno) e como 'mediador' (*mediator*), 'que produz a paz entre os inimigos ou elementos, de modo que eles se amem mutuamente em um abraço que os reúne'. Esse pequeno círculo interior corresponde ao poço de Mercurius

até G (tomadas como um todo) formam uma mandala contendo sete-faces de completude.

Figura 4.1

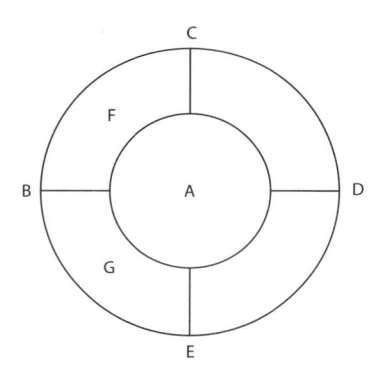

4.2 Os quatro cavaleiros

Voltemos agora ao texto do capítulo 6 do Apocalipse:

> Quando o Cordeiro abriu o primeiro dos sete selos, vi e ouvi um dos quatro seres vivos dizer com voz de trovão: "Vem!" Olhei e vi um cavalo branco, e quem o montava tinha um arco. Foi-lhe dada uma coroa, e ele partiu vitorioso para vencer (Ap 6,1-2).

Então um segundo selo foi quebrado; e lá veio outro cavalo, desta vez em "vermelho-vivo". E ao seu cavaleiro:

> Quando abriu o segundo selo, ouvi o segundo ser vivo dizer: "Vem!" Saiu outro cavalo, vermelho. E a quem o montava foi concedido tirar a paz da terra, para que os homens se matassem uns aos outros. Também a ele foi dada uma grande espada (Ap 6,3-4).

---

do Rosarium, que descrevi em *Psychologie der Über-tragung* (Psicologia da transferência)" (OC 14/1,§ 8). Cf. tb. Psicologia da transferência em *A prática da psicoterapia*, OC 16/1.

O Cordeiro quebrou um terceiro selo enquanto um cavalo "preto" apareceu com o cavaleiro segurando uma balança. Ouvimos uma voz gritando: "Uma medida de trigo pelo salário de um dia, mais três medidas de cevada pelo mesmo preço" (Ap 6,6). Quando o quarto selo foi quebrado, um cavalo "mortalmente pálido" chegou: e "seu cavaleiro foi chamado de Morte [a Bíblia de Jerusalém traduz como "Peste"] e o mundo dos mortos seguiu em seus calcanhares" (Ap 6,8; cf. fig. 4.2).

Figura 4.2

Albrecht Dürer (1471-1528). *Quatro Cavaleiros do Apocalipse*. C. 1498. Xilogravura.

Observe o que está acontecendo aqui. Tenho discutido uma investida pelo setenário, mas deste livro de sete selos sai um ataque pela quaternidade – na forma de quatro cavaleiros. É uma dupla investida; o ataque da quaternidade está escondido na investida do setenário. Há, além disso, um paralelo a esta passagem no sexto capítulo de Zacarias onde o profeta diz:

> Levantei novamente os olhos e vi quatro carros que saíam
> dentre duas montanhas [...] No primeiro carro havia
> cavalos vermelhos, no segundo carro cavalos pretos, no
> terceiro carro cavalos brancos e no quarto carro cavalos
> malhados; eram cavalos vigorosos (Zc 6,1-3).

Eles são identificados por um anjo como os "quatro ventos do céu" e são mandados a "patrulhar o mundo". E as duas escrituras nos apresentam uma sequência de cores que também é característica da alquimia. Na alquimia, a sequência é tipicamente tripla: na ordem preto (*nigredo*), branco (*albedo*) e vermelho (*rubedo*); embora às vezes exista uma quarta cor "amarelada" ou dourada (*citrinitas*). Se assumirmos a sequência alquímica como sendo a ordem natural, então o Apocalipse inverteu o vermelho e o preto, talvez se referindo à avaliação geralmente negativa que todas as coisas "vermelhas" estavam recebendo sobre este tempo na história religiosa.

O mais importante aqui é o problema do "três mais um". Ele aparece no Apocalipse como três cores evidentes, e depois uma "pálida". A palavra em grego é *kloros* e significa na verdade "verde" (dela obtemos "clorofila"); mas esta também era a cor dos cadáveres no imaginário da época – e daí deriva o significado de "palidez". Em Zacarias também três cores evidentes são seguidas por uma quarta cor mais ambígua, "manchada". Jung nos familiarizou com esta questão (correspondente ao alquímico "Axioma de Maria") e que agora entendemos que retrata as três funções da consciência – mais a quarta, que é tanto quanto complicada[30]. As cores, bem como as funções dos

---

30. Nota do editor: Jung escreve em *Psicologia e alquimia*, OC 12, § 26: "chegamos a um axioma central da alquimia, ou seja, ao aforisma de Maria Prophetissa: 'Um torna-se dois, dois torna-se três e do três provem o um que

quatro cavaleiros do Apocalipse, que vão causar estragos no mundo, contêm o mesmo sentido. O segundo, terceiro e quarto cavaleiros são claramente do mesmo tipo: cada um distribuindo calamidades – pessoas matando umas às outras, fome e peste. Mas o papel do primeiro cavaleiro não é de todo negativo; de fato, as associações a seu cavalo branco são geralmente bem positivas. No capítulo 19 do Livro do Apocalipse, o Cristo está montando um cavalo branco.

É muito interessante observar o que vários comentaristas ao longo dos tempos têm feito com este material – que existe há tanto tempo que inúmeras psiques tiveram a oportunidade de refletir sobre e trazer para seu conteúdo suas próprias fantasias. Tal atenção produz um material interessante e que auxilia de forma significativa quando consideramos o que estas imagens significam em termos psicológicos. Há três opiniões principais com relação a este primeiro cavaleiro em um cavalo branco. Alguns decidiram que esta figura no cavalo branco é, de fato, a mesma descrita mais tarde como sendo Cristo – o próprio Cristo apocalíptico juntando-se a essas outras pragas. Uma segunda visão é que o cavaleiro está meramente imitando o Cristo apocalíptico e é, ao invés disso, o anticristo que monta um cavalo branco para enganar as pessoas. A terceira grande interpretação é que ele é apenas mais um anjo vingador, assim como os outros, representando algum tipo de guerra ou dominação[31]. E há outras visões, é claro, incluindo a do estudioso

---

é o quarto'". Para uma discussão de como as três funções relativamente diferenciadas da consciência podem ser unidas pela quarta função inferior afim de criar o "um" da totalidade psicológica, cf. "A fenomenologia do espírito nos contos de fadas" (in: OC 9/1, § 430s.).

31. Nota do editor: Compare o décimo avatar ou a manifestação final do Deus Hindu Vishnu chamado Kalki (Sânscrito, kalka, "resíduo sujo") que chegará

Gilles Quispel que toma o que já chamamos de visão "prete-rista", entendendo os símbolos do Apocalipse para se referir a eventos históricos que acabaram de acontecer. Assim, para ele, todos os quatro cavaleiros do Apocalipse se referem ao Império Parto, que estava esperando na fronteira para atacar o Império Romano. Em todo caso, a questão fundamental é que temos três cavaleiros cuja função é bastante clara – e um quarto cuja função é suficientemente ambígua para que as coisas não sejam de todo claras. Qualquer analista que esteja atento ao simbolismo do "três mais um" pode encontrar com frequência este material no paciente.

4.3 A vingança dos santos

O Livro do Apocalipse continua de uma forma bastante surpreendente:

> Quando abriu o quinto selo, vi debaixo do altar, com vida, os que tinham sido imolados por causa da palavra de Deus e do testemunho que haviam dado. Gritavam com voz forte: "Até quando, Senhor santo e verdadeiro, ficarás sem fazer justiça e sem vingar nosso sangue contra os habitantes da terra?" Cada qual recebeu então uma veste branca, e foi-lhes dito que aguardassem mais um pouco, até se completar o número dos seus companheiros e irmãos, que também iriam ser mortos como eles (Ap 6,9-11).

---

ao fim desta era pecaminosa de Kali "na forma de um homem montado em um cavalo branco, com uma espada em chamas na mão. Ele julgará os ímpios, recompensará os bons e restaurará a idade de ouro" – como descrito por Basham (1954, p. 307). Esta imagem pode ter sido influenciada pelo cristianismo ou pelo zoroastrismo.

Se pararmos e pensarmos nesta escritura, ela está dizendo: "Espere um pouco mais, até que o papel tenha terminado. O programa ainda não encontrou seu fim, tenho que matar mais algumas pessoas"[32]. O que isto poderia significar? Significa que Deus é subserviente a um programa pré-determinado? Encontramos uma passagem semelhante no apócrifo judaico do apocalipse, normalmente chamado *4 Esra* (mas também nomeado *2 Esdras*). No quarto capítulo dessa obra, nos é dito que as almas "presas à terra" – almas dos mortos à espera de sua salvação – perguntam a Deus: "Quanto tempo vamos permanecer aqui?" Elas estão ficando impacientes, assim como as almas do Apocalipse. E a resposta do arcanjo é:

> quando o número daqueles que são como vós estiver completo, então [Deus] terá passado esse tempo na balança, e medido o tempo pela medida, e numerado os tempos por número; e ele não terá movido ou despertado a eles até essa medida estar completa (*Apocrypha*, 4,35-37).

Em outras palavras, existe um padrão preexistente que Deus parece obrigado a seguir.

Isso corresponde a uma observação de Jung em *Resposta a Jó*. Ele vinha discutindo que Yahweh estava considerando a possibilidade de encarnar: no entanto, "nada se podia fazer, [...]

---

32. Na manhã seguinte ao ataque dos agentes do governo ao Ramo Davidiano em Waco, Texas – matando seis – seu líder David Koresh anunciou: "estamos no quinto selo". Ele parecia querer dizer, como diz a Escritura, "em pouco mais tempo" haveria mais mortes. O estudioso James D. Tabor escreve: "Em outras palavras, o FBI desempenhou inadvertidamente o papel das forças babilônicas, validando em todos os detalhes, tanto para Koresh como para seus seguidores, esta interpretação quiliasta desse "impasse armado" (Tabor, 1995, p. 271; cf. tb. apêndice I, ao fim deste livro).

sem que se dispusesse de um modelo anterior" (OC11/4, § 641). O comentário revela até que ponto Jung considera que os arquétipos – os antigos e preexistentes padrões da psique – são determinantes. O próprio Deus pode operar somente através dos padrões já estabelecidos, uma implicação de nossa passagem no Apocalipse: "Você tem que esperar; o padrão exige que certas coisas sejam feitas antes, e que haja mais algumas mortes".

A questão da vingança surge aqui: vingança nas almas dos que esperam sob o altar divino, e vingança até mesmo na mente divina. É algo que Virgílio traz à tona na primeiríssima página da Eneida "Pode um ressentimento tão grande habitar em peitos celestiais" (Virgílio, 1965, p. 241). Não há dúvida de que Yahweh é um Deus "vingador". E trago isso como uma reflexão, considerando que a vingança é tão desenfreada na psique do mundo de hoje. Organizações terroristas de todos os tipos, e os ciclos de vingança que nunca acabam, clamam desesperadamente por alguma compreensão psicológica do que está acontecendo[33]. A questão é abordada aqui no Apocalipse, mas não se trata de um assunto sem antecedentes bíblicos. Deixe-me demonstrar:

> Levanto a mão para o céu
> e juro por minha eternidade:
> Quando afiar o gume da espada
> e tomar em mãos o juízo,
> tirarei vingança de meus inimigos
> e darei o merecido castigo aos que me odeiam.

---

33. Nota do editor: sobre este tópico, cf. a carta inédita de Edinger no Prefácio do Editor.

Embeberei de sangue minhas flechas
e minha espada se fartará de carne,
do sangue dos mortos e dos cativos,
das cabeças dos chefes inimigos (Dt 32,40-42).

Mas este dia é, para o Senhor DEUS todo-poderoso,
um dia de vingança,
para se vingar de seus adversários:
a espada devora e se sacia,
embriagando-se de seu sangue.
Porque há um sacrifício
para o Senhor DEUS todo-poderoso,
no país do norte,
junto ao Rio Eufrates (Jr 46,10).

O SENHOR é um Deus ciumento e vingador!
O SENHOR é vingador e cheio de furor!
O SENHOR se vinga de seus adversários
e guarda rancor dos inimigos.
O SENHOR é paciente, mas muito poderoso.
O SENHOR jamais deixa alguém impune.
Na tormenta e na tempestade está seu caminho,
as nuvens são a poeira de seus pés.
Ameaça o mar e o seca,
faz secar todos os rios.
Basã e o Carmelo murcham
e a flor do Líbano fenece!
As montanhas tremem diante dele,
as colinas se desfazem.
A terra é devastada diante dele,
o universo e todos os seus habitantes.
Quem resistirá à sua indignação?
Quem se levantará diante do ardor de sua ira?
Seu furor espalha-se como fogo
e os rochedos fendem-se diante dele (Na 1,2-6).

Como sugeri no início deste estudo, podemos ver por meio destas referências do Antigo Testamento que o Livro do Apocalipse é em grande parte judaico, com apenas uma leve sobreposição cristã. A divindade vingativa está muito longe da doutrina aceita de Cristo e dos evangelhos. De fato, como explica Jung em *Resposta a Jó*, a primeira vinda de Cristo trazia como propósito transformar Yahweh; mas a segunda vinda com que o Livro do Apocalipse se preocupa – traz claramente de volta a imagem do Deus não transformado.

Aqui se encontra o que Jung diz sobre esta questão. Ele está escrevendo sobre o sexto selo que ainda temos que considerar:

> A abertura do sexto selo provoca uma catástrofe cósmica e todas as coisas se ocultam, fugindo da "cólera do Cordeiro, porque chegou o grande dia de sua ira […] Não se reconhece mais o manso Cordeiro que se deixa conduzir ao matadouro, mas sim o carneiro belicoso e iracundo, cujo furor pode agora desencadear-se livremente. Vejo aqui menos um mistério metafísico do que a irrupção de sentimentos negativos, longamente represados, que observamos com frequência naqueles que anseiam por ser perfeitos (OC 11/4, § 708).

Aqui, Jung está explicando a imagética como tendo algo a ver com a psicologia pessoal de João. Mas então ele expande a noção:

> Mas sejamos psicologicamente precisos: não é a consciência de João que inventa tais fantasias: são elas que lhe vêm ao encontro, numa "revelação" violenta; são elas que se projetam sobre ele com uma veemência imprevista e inopinada e uma intensidade […] Já examinei um grande número de sonhos compensadores de crentes cristãos que

> se enganavam quanto à sua organização psíquica real e acreditavam ser portadores de uma constituição diferente, que de maneira alguma correspondia à realidade. Mas nada vi que pudesse comparar-se, nem de longe, ao caráter antinômico brutal da revelação de João [...] A finalidade das visões do Apocalipse não é evidentemente a de levar o homem comum João a conhecer a sombra que traz oculta em sua natureza luminosa, mas sim a de abrir o olhar do Vidente para a incomensurabilidade de Deus, pois quem ama conhecerá a Deus. Pode-se dizer que João, precisamente por ter amado a Deus e feito tudo o que estava em seu poder para amar os seus semelhantes, recebeu a "gnose", isto é, o conhecimento de Deus, e viu, como Jó [...] (OC 11/4, § 730-732).

A questão é que o cristianismo consciente constrói uma camada – quero dizer um "verniz" para abordar seus aspectos duvidosos – sobre a psique individual na qual a libido primordial javista foi submetida a uma certa quantia de transformação através de educação, experiência e da aplicação de certas imagens simbólicas que foram trabalhadas conscientemente. No entanto, arranhe este verniz e risque abaixo, e aí vemos: a psique primordial é exatamente como descrita nas passagens que lemos. A vingança é um dinamismo muito proeminente no funcionamento do inconsciente derivado do si-mesmo *não transformado*. É um problema grave para a humanidade, não se deixar encobrir por uma pregação ineficaz sobre a humildade cristã. Ao invés disso, Jung afirma: "não se chega à claridade pela representação da luz, mas tornando consciente aquilo que é obscuro" (OC 13, § 335). É isso que tem o efeito transformador. A escuridão não desaparece, mas é mediada por uma consciência que conhece sua verdadeira natureza. Deixe-me lembrar ao leitor que estes textos da Bíblia hebraica e do Novo Testamento nos dão uma visão dos fatos da psique objetiva. Eles não são fatos metafísicos, mas sim fatos psíquicos. E não adianta especular se eles devem ser dessa ou de outra maneira – é assim que eles são. Todos que se aprofundam o suficiente descobrirão esses mesmos fatos, porque eles fazem parte da psique coletiva. Todos nós estamos fundamentados nesta mesma base.

4.4 Estrelas caindo do céu

Embora eu não possa entrar em todos os aspectos simbólicos do Livro do Apocalipse, gostaria de chamar atenção especial para a imagem das "estrelas que caem do céu" quando o sexto selo é quebrado:

> Quando abriu o sexto selo, vi acontecer um grande terremoto. O sol ficou escuro como roupa de luto, e a lua toda parecia sangue. As estrelas do céu caíram sobre a terra, como a figueira que deixa cair seus figos verdes ao ser agitada por vento forte. O céu encolheu-se como se enrola um pergaminho, e todas as montanhas e ilhas foram removidas de seus lugares. Os reis da terra, os magnatas, os chefes militares, os ricos e poderosos, todos, escravos ou livres, esconderam-se nas cavernas e sob os rochedos das montanhas. Diziam aos montes e penhascos: "Caí sobre nós e ocultai-nos da face daquele que está sentado no trono e da ira do Cordeiro, porque chegou o grande dia da sua ira, e quem poderá ficar de pé?" (Ap 6,12-17).

"Estrelas caindo do céu" (cf. fig. 4.3) é uma imagem do aspecto "superior" ou espiritual do inconsciente coletivo que irrompe na consciência. As "estrelas" significariam entidades arquetípicas que caem para a "terra"; em outras palavras, elas caem no ego. Assim, temos aqui uma invasão da consciência pelo inconsciente coletivo – que, como já vimos, é uma das características da vinda do si-mesmo.

Figura 4.3

Albrecht Dürer. *A abertura do quinto e do sexto selos, a distribuição das vestes brancas entre os mártires e a queda das estrelas.* C. 1498, Xilogravura.

Em *A criação da consciência*, registrei um sonho a este respeito, que retomaremos a seguir em maiores detalhes; mas no início, o sonhador está de pé na Paliçada, do lado oposto do Rio Hudson, de Nova York, observando como Manhattan é invadida por alienígenas gigantes do espaço sideral: e "bolas de fogo estavam no céu, vindo de encontro a terra" (Edinger, 1984, p. 28). Esta é uma variação do tema das estrelas que caem do céu. E registro outro sonho relevante na *Anatomia da*

psique, no qual uma mulher descreve um pedaço da lua caindo na terra, em seu apartamento (Edinger, 1985, p. 90). Estes são exemplos de como esta imagem fundamental pode se expressar no decorrer de uma análise. Mas esta imagem também é muito comum na fenomenologia da psicose – quando o inconsciente coletivo irrompe e inunda o ego com imagens transpessoais que o ego não consegue suportar.

Conforme nosso estudo prossegue, veremos que esta invasão do inconsciente acontece simultaneamente em duas direções: uma invasão de "cima", assim como uma investida de "baixo". Os dois conjuntos de imagens são diretamente aplicáveis ao que ocorre psicologicamente quando o inconsciente começa a se abrir.

4.5 Marcado na fronte

Agora, consideremos em maior profundidade a imagem de estar "marcado". Conforme apresentada no capítulo 7 do Apocalipse:

> Depois disso, vi quatro anjos que estavam de pé sobre os quatro cantos da terra. Eles seguravam os quatro ventos da terra, para que o vento não soprasse sobre a terra, nem sobre o mar, nem sobre qualquer árvore. Vi outro anjo que subia do Oriente e que tinha o selo do Deus vivo. Gritou com voz forte para os quatro anjos encarregados de danificar a terra e o mar: "Não façais mal à terra, nem ao mar, nem às árvores, até que tenhamos marcado na fronte os servos do nosso Deus". E ouvi o número dos que foram marcados: cento e quarenta e quatro mil, de todas as tribos dos filhos de Israel (Ap 7,1-4).

FIGURA 4.4

Selo dos santos. Wittenberg, 1522. Xilogravura.

A Escritura explica que o número "cento e quarenta e quatro mil" foi alcançado marcando (cf. fig. 4.4 e comparar com fig. 6.3) doze mil de cada uma das doze tribos de Israel – uma alusão ao arquétipo dos Doze. Aqui está um paralelo próximo de Ezequiel, uma vez que a vingança divina está prestes a atacar Jerusalém:

> Nisso eu vi seis homens chegando da porta superior, voltada para o norte, cada qual empunhando uma arma mortífera. Entre eles havia um homem vestido de linho, com um estojo de escriba à cintura. Eles foram colocar-se junto ao altar de bronze. Então a glória do Deus de Israel elevou-se de cima do querubim sobre o qual estava, em direção à soleira do Templo. Chamando o homem vestido de linho e com o tinteiro de escriba à cintura, o SENHOR lhe disse: "Passa no meio da cidade, no meio de Jerusalém, e marca com um tau na testa os homens que gemem e suspiram por tantas abominações que nela se praticam".

Para os outros eu escutei que dizia: "Percorrei a cidade atrás dele e feri sem dó nem piedade. Matai velhos, rapazes e moças, mulheres e crianças, matai-os todos, até o extermínio. Mas não vos aproximeis de ninguém que foi marcado com o tau. Começai pelo meu santuário". E eles começaram pelos anciãos que estavam diante do Templo (Ez 9,2-6).

Esta é a mesma ideia de marcação ou de selo com o propósito de proteção contra a vingança divina. Devo mencionar, entretanto, que a tradução da letra semítica "Tau" como "cruz" nesta parte de Ezequiel não é seguida universalmente[34]; a Nova Versão Padrão Revisada da Bíblia de Jerusalém, por exemplo, traduz simplesmente, "colocar uma marca na testa". Pode ser que a influência católica romana da versão bíblica de Nova Jerusalém tenha influenciado uma tradução com uma alusão cristã. Há, no entanto, uma possibilidade de que o roteiro inicial do tau tenha sido cruciforme.

O comentador da *Anchor Bible*, J.M. Ford, faz uma interessante especulação a respeito da natureza desta marca em particular:

> Talvez seja possível conectar o tau da salvação ou preservação com os processos judiciais envolvendo a *Urim e Tumim*, os objetos, provavelmente lotes sagrados, pelos quais os sacerdotes ofereciam uma decisão oracular em nome de Javé. Estes eram colocados no torso do sumo sacerdote de Israel (Ex 39,8-21), mas originalmente eram feitos de pequenas pedras do mesmo tamanho e forma, mas com

---

34. Nota do editor: o autor aqui se refere à versão da *Bíblia de Jerusalém*, que traduz a letra "Tau" como cruz. Essa edição optou pelo texto da *Bíblia Vozes*, que mantém o original "Tau".

> marcas diferentes nelas, como *álef* e *tau*, respectiva-
> mente a primeira e a última letras do alfabeto hebraico.
> Em processos judiciais, a decisão *álef* significaria cul-
> pado (*"rr"* para amaldiçoar) e o tau significaria inocente
> (*"tmm"*, para ser abençoado). Se o autor do Apocalipse
> é influenciado por este conhecimento, a marca para os
> seguidores da besta seria *álef* (Ford, 1975, p. 122s.).

Esta "marca da besta" aparece mais tarde em nosso texto; mas aqui, estamos preocupados com seu oposto positivo, uma "marca de salvação". Se o comentário de Ford se sustentar, um padrão de desenvolvimento está implícito por estas diferentes marcas associadas a diferentes letras. Simbolicamente, se alguém progrediu todo o caminho através do "alfabeto psicológico" – do início ao fim – então este é marcado como especial.

A marca que Caim recebeu quando saiu para o mundo amplifica esta imagem de ser selado em uma forma mais ambígua e misteriosa. Ele havia matado seu irmão Abel e como punição foi banido da terra; mas Caim protestou com Javé, "Se hoje me expulsas deste solo e devo ocultar-me diante de teu rosto, quando estiver fugindo e vagueando pela terra, quem me encontrar vai matar-me" (Gn 4,14). E Deus respondeu: "Pois bem. Se alguém matar Caim, será vingado sete vezes". O SENHOR pôs, então, um sinal em Caim para que ninguém, ao encontrá-lo, o matasse" (Gn 4,15).

Aqui, novamente, está o tema de "sete vezes". Além disso, a "marca" em Caim é protetora como em nossa Escritura do Apocalipse: no entanto, é uma proteção divina para um assassino! Quero apenas indicar o quanto estas imagens são profundamente ambíguas, se as adentrarmos profundamente.

Elas possuem dimensões de significado que abrem ambiguidades não facilmente resolvidas.

Outro aspecto do selo positivo é que ele separa os "cento e quarenta e quatro mil" da grande multidão descrita nos versos seguintes ("um número enorme, impossível de ser contado por alguém") que ainda são suficientemente bons para usar vestes brancas e estar diante do trono do Senhor. Esta distinção pode ser entendida como a separação entre os eleitos e os leigos. Todas as tradições religiosas distinguem entre o que é conhecimento *esotérico* e o que é conhecimento *exotérico* para aqueles com diferentes níveis de desenvolvimento. E assim, mais uma vez, um conhecimento sobre o esquema de desenvolvimento é implícito.

A imagem de estar "marcado" surge nos sonhos; e é quase sempre bastante significativa. Geralmente vejo isso como uma indicação de vocação, de ser chamado para o processo de individuação. E pode-se concluir que não são muitas as pessoas chamadas: de uma inumerável massa de seres humanos, apenas "cento e quarenta e quatro mil".

4.6 As vestes lavadas no sangue do Cordeiro

Nosso próximo item é a impressionante imagem de "vestes sendo alvejadas no sangue do Cordeiro" que aparece em Apocalipse 7,13-15:

> Então um dos anciãos me perguntou: "Estes que usam vestes brancas, quem são e de onde vieram?" Eu lhe respondi: "Meu Senhor, tu é que sabes". E ele me falou: "Estes são aqueles que vêm da grande tribulação, lavaram as vestes e as alvejaram no sangue do Cordeiro. Por isso estão diante do trono de Deus e o servem dia e noite em seu templo. Aquele que está sentado no trono estenderá sobre eles uma tenda.

Antes de mais nada, trata-se da imagem do batismo: depois de um batismo no cristianismo primitivo, o neófito era vestido com uma túnica branca. Portanto, esta escritura diz respeito ao simbolismo da *solutio* – da "dissolução" alquímica – mas de um tipo peculiar e complexo. Pois este é um batismo, não em água, mas em sangue. Escrevi um capítulo inteiro sobre o simbolismo do "Sangue de Cristo" que pode ser encontrado em *Ego e Arquétipo* (Edinger, 1972, cap. 9). E entre as significantes referências bíblicas citadas está Gênesis 49,10-11:

> O cetro não se afastará de Judá nem o bastão de comando de entre seus pés, até que venha o leão, a quem prestarão obediência os povos. Ele ata à videira o jumentinho, à parreira escolhida o filho da jumenta; lava no vinho a veste e no sangue das uvas a roupa.

Isto é geralmente concordado para se referir à vinda do Messias. E enquanto faz não se refere diretamente a "sangue", embora "vinho" como o "sangue da uva" é simbolicamente muito próximo. Outro texto relevante aparece em Isaías 63,1-6:

> Quem é este que vem de Edom, que vem de Bosra vestido de vermelho vivo? Quem é este que vem com vestidos de gala, caminhando na plenitude da força?" "Sou eu que proclamo a justiça e tenho muito poder para ajudar". "Por que, então, teu vestido está vermelho, e tuas roupas, como de alguém que esmaga as uvas?" "Eu sozinho pisei as uvas no lagar e nenhum povo me ajudou. Então eu os pisei com minha ira, e com meu furor os pisoteei, de modo que seu sangue salpicou minhas vestes, e toda minha roupa ficou manchada. Eu tinha projetado um dia de vingança, e o ano da minha redenção chegou. Olhei, mas não havia quem quisesse colaborar, fiquei espantado, porque ninguém me dava apoio. Então o meu braço me salvou e meu furor me sustentou. Na minha ira pisei os povos, e no meu furor os inebriei, derramei por terra o seu sangue".

Aqui, as escrituras nos falam da vingança do Messias que está por vir. De acordo com estes textos (que são os únicos que realmente usam essa imagética como a encontramos no Livro do Apocalipse), "lavando a própria túnica no sangue do Cordeiro" significaria juntar-se ao abate de seus inimigos. Não é esse o significado superficial: isto é, que aquelas "pessoas que passaram pelo grande julgamento" são os mártires cristãos vitimados e ensanguentados pela vingança de outra pessoa. As conexões textuais associadas, na verdade, sugerem como significado latente precisamente o oposto. Este é outro exemplo da ambiguidade das imagens que vem à tona quando se olha para além das expectativas tradicionais. Ford também considera possível que aqueles que lavaram suas vestes no sangue do Cordeiro não sejam apenas mártires, mas que agora "entraram em batalha ao seu lado como guerreiros (Ford, 1975, p. 127).

Há, no entanto, muito que podemos aprender com a interpretação habitual do martírio. Segundo esse entendimento, aqueles que "lavaram suas vestes de branco no sangue do Cordeiro" compartilharam da morte sacrificial de Cristo, suportando a morte como mártir para preservar seu nome: experimentando assim um batismo com o sangue gerado pelo drama arquetípico que seus martírios experimentaram. De um ponto de vista pessoal, o manto de um mártir é lavado em seu próprio sangue. Mas a Escritura afirma que estas vestes são lavadas no "sangue do Cordeiro" ou no "sangue de Cristo" – o que significa que o batismo ou solução que acontece é um drama arquetípico: o "sangue" deriva do arquétipo do si-mesmo. Esta, acredito, é a ideia básica por trás da imagem; porque os mártires viveram o destino de um arquétipo atemporal. E parece ser a ideia por detrás da observação de Pascal de que "Jesus estará em agonia até mesmo no fim do mundo", uma agonia revivida o tempo todo (Pascal, 1958, n. 552, p. 148).

O mesmo motivo pode ser encontrado na doutrina gnóstica de *Jesus patibilis* (latim para "Jesus sofredor"), aquele que está continuamente sofrendo sua morte como sacrifício em toda a natureza. Ele pendura em cada árvore, é servido em cada prato, ganha vida e morre – como o próprio drama religioso, vive em todos os lugares, sempre. Psicologicamente falando, esta é uma imagem bastante precisa dos fatos. Penso que esta imagem se refere ao fato de que o sofrimento – quando experimentado conscientemente como parte do drama arquetípico da transformação – é redentor. É uma participação no sacrifício de *Si-mesmo* da imagem de Deus, pela qual esta se transforma em virtude da participação consciente de um ego que sabe o que está acontecendo[35].

O sofrimento em si não tem nenhum valor psicológico, a menos que seja acompanhado pelo nível de consciência ao qual me refiro. Ele pode ter algum outro valor – valor político, por exemplo – mas não há valor psicológico redentor sem uma consciência do contexto arquetípico do sofrimento. Este não é, naturalmente, um pensamento original, mas sim um pensamento oriundo da doutrina junguiana derivada da obra de Jung, *Resposta a Jó*.

---

35. Nota do editor: cf. Jonas (1963, p. 228s.); para a aplicação desta imagem a um caso específico, cf. tb. Edinger (1990b, p. 49).

5 Apocalipse: capítulos 8, 9 e 10

5.1 O Altar do incenso

O capítulo 8 do Livro do Apocalipse começa da seguinte forma:

> Vi os sete anjos que estão de pé diante de Deus. Foram-lhes dadas sete trombetas. Chegou outro anjo que ficou em pé, junto do altar, com um turíbulo de ouro. Deram-lhe grande quantidade de incenso para oferecê-lo, com as orações de todos os santos, no altar de ouro que está diante do trono. A fumaça do incenso, junto com as orações dos santos, subiu da mão do anjo para diante de Deus (Ap 8,2-4).

Somos confrontados aqui com a importância do incenso e o turíbulo que o dispensa. O turíbulo é aquele recipiente circular no fim de uma corrente que o padre movimenta a fim de perfumar os procedimentos religiosos. Como mencionei acima, o tabernáculo terrestre e seus móveis são uma duplicação do que já existe no céu – um arranjo para o qual um esboço está aqui fornecido (cf. fig. 5.1). A sala quadrada (que na verdade é um cubo) é o "Santo dos Santos", contendo a arca da aliança com o assento da misericórdia em sua parte superior, ela mesma flanqueada por dois querubins enormes. Do outro lado da porta ou cortina – no que ainda é um "Lugar Santo" ou santuário – está o candelabro, a mesa do consagrado "pão da proposição", e um altar de incenso. A bacia de latão ou "mar", do qual já abordamos, e o altar de sacrifícios de animais em holocausto estão logo afora destes recintos. Mas o altar do incenso, note-se, está dentro da nave do Lugar Sagrado.

Figura 5.1

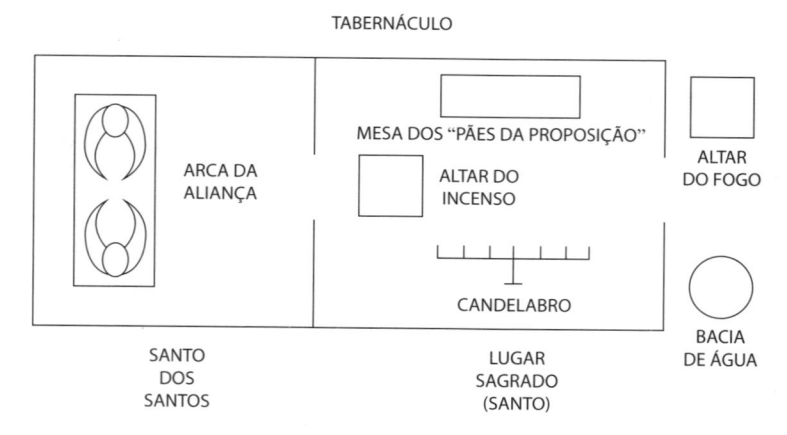

Encontramos no Êxodo orientações bastante explícitas para a sua construção:

> Farás também de madeira de acácia um altar para queimar incenso. Será quadrado, com cinquenta centímetros de comprimento por cinquenta de largura e um metro de altura. As pontas formarão uma só peça com o altar. Revestirás o altar de ouro puro na parte superior, em redor dos lados e nas pontas. Em volta do altar farás uma moldura de ouro. Farás duas argolas de ouro por baixo da moldura dos dois lados opostos; servirão aos varais para carregar o altar. Farás os varais de madeira de acácia e

os revestirás de ouro. Colocarás o altar diante do véu que oculta a arca da aliança, frente ao propiciatório que está sobre a arca da aliança, lugar onde me encontro contigo. Sobre ele Aarão queimará incenso aromático, todas as manhãs, ao preparar as lâmpadas, e ao pôr-do-sol, quando as acender. Assim será queimado o incenso diante do SENHOR perpetuamente, por todas as gerações (Ex 30,1-8).

Mais adiante neste capítulo, o Senhor diz a Moisés:

O SENHOR disse a Moisés: "Arranja essências aromáticas: resina, âmbar, gálbano, substâncias aromáticas e incenso puro em partes iguais. Prepararás um incenso perfumado, composto segundo a arte da perfumaria, bem dosado, puro e santo. Parte dele reduzirás a pó e o colocarás diante da arca da aliança na tenda de reunião, onde me encontrarei contigo. Haveis de considerá-lo como algo santo e consagrado. Não deveis fazer para vós outro incenso da mesma composição. Deverás considerá-lo como consagrado ao SENHOR (Ex 30,34-37).

No Livro de Levítico, aprendemos como este altar de incenso e seu turíbulo podem ser perigosos. Houvera uma rebelião de duzentos e cinquenta sacerdotes contra a autoridade de Moisés; e deste modo Moisés propôs um teste religioso. Eles deveriam trazer seus turíbulos para o tabernáculo onde residia a "presença" de Yahweh: Deus decidiria se Ele achasse aceitável o incensar deles. E quando eles concordaram com o teste, o fogo surgiu para fora da presença de Yahweh, destruindo cada um deles no meio de seu incensar. Este evento na história sagrada dos israelitas é referido no seguinte texto:

Os filhos de Aarão, Nadab e Abiú, tomaram cada um seu turíbulo, puseram neles fogo, colocaram incenso e ofereceram diante do SENHOR um fogo profano, que não havia sido autorizado. Então saiu um fogo enviado pelo SENHOR que os devorou, e morreram na presença do SENHOR. Moisés disse para Aarão: "A isto se referia o SENHOR ao dizer: Serei santificado pelos que se aproximam de mim, e glorificado diante de todo o povo". Aarão ficou calado (Lv 10,1-3).

A razão pela qual estou prestando tanta atenção a este simbolismo é que aqui temos a questão psicológica crucial referente à libido transpessoal carregada nas mãos pelo ego. Asseguro ao leitor que este não é um interesse antiquado de minha parte. J.M. Ford também se volta a este simbolismo por um bom tempo. Após se referir ao "anjo, que tinha um turíbulo de ouro" (que já vimos), ela cita o Apocalipse: "Depois o anjo pegou o turíbulo, encheu-o com as brasas do altar e jogou-o sobre a terra. Houve trovões, estrondos, relâmpagos e terremoto" (Ap 8,5).

Ford comenta sobre neste verso:

> Quatro surpreendentes reversos ocorrem: 1) Do trono e do altar, de onde se pode esperar misericórdia e expiação, vem a ira. 2) O incenso, que originalmente significava "fumaça perfumada" [...] e era utilizado em oferendas queimadas para ser "um doce sabor ao Senhor", uma frase repetida com frequência em Levíticos, por exemplo, Lv 1,13.17, torna-se um instrumento de punição [...] O arremesso do carvão está em crasso contraste à suave ascensão da nuvem de incenso, simbolizando a oração que penetra o céu e que clama misericórdia a Deus. 3) As trombetas, em associação com o altar e trono, devem sugerir o instrumento que foi tocado durante as pausas dos salmos [...] E agora o mesmo instrumento é um chamado de "infortúnios" e desastres [...] Liturgia conduzida do céu traz destruição em vez de vida (Ford, 1975, p. 135-136).

Ilustrando um quadro da liturgia terrestre, este estudioso continua:

> Pode-se recapturar a cena do sacrifício cotidiano do incenso oferecido no templo [...] [que] ocorreu na manhã seguinte à imolação do cordeiro, mas antes de ser colocado no altar dos holocaustos. A oferta de incenso foi repetida à noite após o cordeiro ter sido colocado sobre o altar, mas antes da libação. Acompanhado por outros dois sacerdotes, o sacerdote sacrificador, escolhido por sorteio, entrou no lugar santo. Um dos sacerdotes assistentes carregava um braseiro contendo brasas ardentes que ele havia retirado do altar dos holocaustos com tenazes de prata. Ele colocou o braseiro no altar do incenso, prostrou-se em adoração e depois se retirou. O celebrante tirou o incenso de seu recipiente, que entregou ao segundo padre assistente, e derramou o incenso sobre as brasas. Depois, tendo-se inclinado profundamente para o santo dos santos, ele partiu lentamente, andando para trás, a fim de evitar virar as costas ao altar. Finalmente, enquanto o incenso estava queimando, os sacerdotes rezaram, e o som das trombetas, interrompendo o canto do Salmo 150 pelos levitas, anunciou ao povo que deveriam se unir em adoração com os ministros sagrados (Ford, 1975, p. 135-136).

Tudo isso significa que o carvão queimado no turíbulo do sacerdote que está oferecendo incenso a Yahweh representa a versão terrestre do "fogo celestial" descrita no Livro do Apocalipse. E é esse fogo celestial concedido por Yahweh sob a prescrição um tanto rígida de como pode ser usado. Em termos eclesiásticos cristãos, pode-se dizer que a operação de incensar simboliza o fato de que a Igreja tem à sua disposição uma certa quantidade do sagrado, do fogo divino, o que lhe concede uma autoridade transpessoal: poder sobre o rebanho de crentes, e a autoridade para interpretar a natureza de Deus, e sobre como ele deve ser adorado. Isto corresponde à ideia de que a Igreja tem acesso exclusivo ao Espírito Santo.

Psicologicamente, é claro, entendemos este simbolismo como tendo a ver com a relação do ego do indivíduo com a libido transpessoal. Todas as injunções das escrituras que a cercam simbolizam o cuidado com que esta libido deve ser tratada. É um assunto muito complexo, porque a libido transpessoal não entra na vida de uma pessoa com uma etiqueta ao redor de seu pescoço, identificando-se como "transpessoal". Em vez disso, ela vem naqueles – muitas vezes perigosamente não reconhecidos – impulsos liberadores, inspiração criativa, ou dons e capacidades especiais.

Nossa passagem no Apocalipse traz à tona a questão adicional: O que é que um turíbulo faz no céu? Na terra, é uma forma de sutil sacrifício no qual o incenso é colocado ao fogo; e uma fumaça perfumada ascende para as narinas de Deus no céu. Mas o que então faz um altar de incenso nas alturas? Parece que o altar de incenso celeste funciona na direção inversa: em vez de distribuir os efeitos do altar de incenso do fogo terrestre para cima, ele se move para baixo, distribuindo o fogo divino sobre a terra.

5.2 Fogo lançado à terra

Isso, portanto, leva ao significado no Apocalipse de "fogo lançado à terra". Notemos, primeiramente, que algo semelhante acontece no Livro de Ezequiel onde Yahweh estava fazendo planos para punir Jerusalém permitindo-a ser conquistada pela Babilônia. Sentado em seu trono divino, ele disse a um "homem vestido de linho": "Vai por entre as rodas, até debaixo do querubim. Enche as mãos de brasas, tiradas do meio dos querubins, e espalha-as sobre a cidade" (Ez 10,2). Nós encontramos esta mesma imagem de "fogo caindo do céu" repetida em outro lugar. Elias venceu os falsos profetas de Baal, chamando o fogo divino para consumir seu sacrifício em um ritual de competição; e, nesse caso, a energia divina estava à disposição do profeta. Yahweh, é claro, manifestou-se a Moisés por meio da sarça ardente. E até Cristo anuncia no Evangelho de Lucas: "Eu vim pôr fogo à terra" (Lc 12,49).

Além disso, a imagem associada ao fogo transpessoal possui um aspecto duplo. Como veremos em breve, não só o fogo cai do céu, mas também a fumaça e o fogo sobem do abismo quando este se abre: o fogo celestial e o fogo infernal, fogo vindo de duas direções, e ambas de uma natureza transpessoal.

Frequentemente encontramos esta importante imagem nos sonhos. "Fogo" significa afeto. Na medida em que é uma afetação transpessoal, esta é uma libido transpessoal indiferenciada que tem sua origem no "céu" ou no "inferno" – dois reinos da psique que realmente não estão tão distantes. São duas manifestações da mesma realidade psíquica capazes de se deslocar facilmente de um para o outro. Agora, nos sonhos, um excelente exemplo de fogo transpessoal de proporções gigantescas é uma "explosão nuclear"; sua magnitude a liga ao imaginário apocalíptico que estamos explorando. Versões menores deste fogo são encontradas nas imagens de "relâmpagos". Temos um excelente exemplo disso na figura 2 da série de mandalas publicadas por Jung em seu ensaio, "Um estudo sobre o processo de individuação" (OC 9/1, § 525s.; cf., nesta obra, fig. 5.2). Ela retrata relâmpagos descendo sobre uma paisagem rochosa, estilhaçando uma parte da encosta circundante. E, como explica Jung, esta é uma imagem que fala sobre detonar uma psique individual fora de sua contenção ou identificação com a matriz que o contém. É o início dramático de um processo de individuação – iniciado pelo "fogo divino". Isto é diretamente relevante para a imagética do fogo que desce dos céus no Livro do Apocalipse.

FIGURA 5.2

Pintura de uma paciente americana, 55 anos de idade, mostrada a C.G. Jung no segundo dia de sua análise. 1928. Aquarela.

5.3 Simbolismo de uma terça parte

O texto insiste que voltemos agora ao simbolismo numérico que aparece com o som de quatro trombetas de batalha (Ap 8,6-12). Com o sopro do primeiro: "a terça parte da terra, a terça parte das árvores e toda a vegetação ficaram queimadas". Com o sopro do segundo: "e a terça parte do mar virou sangue, morreu a terça parte das criaturas que vivem no mar, e foi destruída a terça parte dos navios". Quando um anjo tocou a terceira trombeta: "caiu então do céu um astro enorme, ardendo como uma tocha, precipitou-se sobre a terça parte dos rios e sobre as fontes de água [...] e a terça parte das águas tornou-se absinto, muita gente morreu, porque as águas se tornaram amargas". E com o soar da quarta trombeta de guerra: "foi atingida então a terça parte do sol, da lua e das estrelas, de modo que escureceram em um terço; o dia e a noite perderam uma terça parte de seu brilho". Anteriormente, no Apocalipse, nos vimos assaltados pelo arquétipo dos "Sete" de diversas maneiras, e depois pelo arquétipo do "Quatro" na forma dos quatro cavaleiros do Apocalipse. Agora, temos uma afronta por meio de uma arma que divide as coisas em "Três". E depois elimina um terço deles.

Como eu já sugeri, "três" é o número simbólico do domínio do ego, certamente se comparado com o número "quatro". Um processo tríplice pode ser visto como um processo de diferencia-ção no qual os opostos se manifestam e depois se reconciliam: o número um é o estado original; o número dois é o estado de duplicidade, mostrando conflito ou oposição; e o número três é a reconciliação desse conflito por uma terceira posição. Assim, a dinâmica da tese, antítese e síntese é inerente à imagem do número três; assim como a noção de direita, esquerda e meio. Nessas expressões, temos o próprio princípio da experiência consciente: a forma como a consciência do ego organiza e com-preende sua experiência e seu comportamento. Segue-se que a investida do "três" no imaginário do Apocalipse significa que a "terra" (cada ego) está sendo forçada à experiência plena e vivendo a partir do que significa ser consciente. Cada indivíduo está sendo solicitado a passar pelo processo que separa os opostos, solicitado a suportar o conflito que a *separatio* traz, e então cada um é solicitado a buscar a resolução dos opostos separados no número "três".

Tenho uma razão pessoal para tentar entender isto. Há muitos anos, durante um período de grande transição psíquica, eu tive uma série de sonhos que em retrospectiva eu poderia reconhecer que continha imagens apocalípticas. Meu sonho expressava o *tema* da "destruição da terça parte":

> Um ritual especial deve ser realizado a fim de permitir que o consagrado anfitrião da refeição da comunhão toque o chão. Isto é necessário porque, em meio à cerimônia de comunhão, um grupo de terroristas vai invadir a Igreja e massacrar uma terça parte da congregação. E quando isto acontecer, neste ponto, o sacerdote oficiando deve tacar o anfitrião ao chão e ele mesmo também deve voltar-se ao chão e proteger o anfitrião com seu próprio corpo – da mesma forma que um jogador de futebol americano protege uma bola de futebol em movimento. E isto deve ser feito para proteger o anfitrião da possibilidade de que o sangue caia sobre ele durante o massacre.

Não me ocorreu imediatamente, mas eventualmente o massacre da "terça parte" da congregação por terroristas foi associado em minha mente à imagem do Fim dos Tempos no Livro do Apocalipse. Isso fez um clique; essa conexão me deu um rumo para entender o sonho. Aqui está um exemplo de como as imagens bíblicas podem ser aplicadas a uma imagem de sonho: acredito que o sonho indica que a alimento sagrado do si-mesmo – o "anfitrião" – que nutre o ego durante um momento de crise deve ser enraizado. Normalmente, seria um desastre para o anfitrião ser derrubado durante a cerimônia de comunhão.

E acho que é significativo que na época do meu sonho, Leonard Bernstein estava produzindo sua *Missa* na qual o oficiante teve um acidente e deixou cair algumas coisas. Este trabalho, que Bernstein chama de "Peça de teatro", ainda não recebeu a consideração que merece; pois é muito interessante em todos os níveis, artística e simbolicamente falando (Bernstein, 1971). A questão é que as entidades sagradas devem ser fundamentadas se quiserem sobreviver ao encontro apocalíptico. Elas devem estar em contato com o concreto, o terroso, e com a ambígua realidade – da mesma natureza como meu sonho sugere – como um jogo mundano de futebol americano.

Na verdade, durante esse período de minha vida, me vi assistindo bastante futebol na televisão. Fiquei imaginando: "Por que estou fazendo isso? Estou realmente me comportando aqui como um homem da massa". À medida que eu refleti, percebi cada vez mais até que ponto o simbolismo da *coniunctio* estava permeando estas competições esportivas e que o que eu estava realmente assistindo era na verdade um ritual sagrado que fora degradado. Originalmente os jogos eram rituais sagrados referentes à união dos opostos; e o leitor pode encontrar uma breve discussão da psicologia do esporte em meu trabalho, *O mistério da coniunctio* (Edinger, 1994b, p. 15s.). Esta, então, foi uma de minhas associações à imagem do futebol em meu sonho e que traz um nível de realidade terrena à experiência do sagrado que não tem em sua forma elevada uma posição remota dentro da própria *Missa*.

Também é verdade que nos 25 anos desde que sonhei com este simbolismo, ele foi vivido na realidade exterior. Ao mesmo tempo, não havia terroristas invadindo congregações religiosas em meio à adoração: Mas desde então, tem havido! E por isso eu acho que esse sonho tem um significado coletivo assim como um sentido pessoal, e é por isso que eu me referi a ele aqui. O perigo, como o sonho o viu, era que o "sangue" do massacre caísse sobre o anfitrião. Não há nenhuma declaração explícita de porque isso seria perigoso, mas a implicação é que a entidade sagrada se dissolveria em uma *solutio* de violência – que haveria algum tipo de dissolução catastrófica do núcleo psíquico. Vejo isto como imagens de como devemos nos comportar nestes tempos apocalípticos: da mesma forma que um jogador de futebol americano protege seu precioso e sagrado valor com toda a garra que possui.

5.4 O abismo destrancado

Devemos agora explorar o "Abismo". Este aparece no capítulo 9 do Livro do Apocalipse:

> O quinto anjo tocou a trombeta. Vi uma estrela que havia caído do céu sobre a terra. Foi-lhe dada a chave do poço do abismo. Ela abriu o poço do abismo, e do poço subiu uma fumaça, como a fumaça de um grande forno. O sol e o ar escureceram por causa da fumaça do poço. Da fumaça saíram gafanhotos para a terra, que receberam poder semelhante ao poder dos escorpiões da terra (Ap 9,1-3; cf. fig. 5.3).

Ford comenta que na Bíblia a palavra "abismo" em inglês é usada:

> para se referir à palavra hebraica *tehom* cerca de trinta vezes. *Tehom* tem quatro significados. Pode significar o oceano que uma vez se espalhou sobre a terra, mas não está restrito a um abismo subterrâneo que é fechado e selado. É acessível somente através de um poço [...] Também pode significar a morada profunda do inimigo de Yahweh, o dragão marinho [...] Um terceiro significado para *tehom*

> é a terra, um poço que é um espaço intermediário de punição [...] Por fim [...] *tehom* representa a residência temporária dos anjos caídos; era um lugar sem água, sem pássaros, e um lugar escaldante para além dos confins da terra e do céu, onde anjos se encontram em total escuridão e encobertos por rochas [...] (Ford, 1975, p. 147).

Biblicamente, há aqui termos sobrepostos. O termo "abismo" – traduzido literalmente como "as profundezas" – sobrepõe-se à noção de "Hades", a terra dos mortos; e ambos se sobrepõem a associações com "Geena", que se refere a um vale ao sul de Jerusalém, onde o sacrifício humano ocorria, mas que eventualmente passou a ser utilizado pelo povo para a incineração de lixo. A Geena permaneceria na mente como um "lugar de um castigo ardente". Aqui, então, vemos uma outra imagem que é imensamente relevante para a psicologia profunda; porque nos fornece ilustrações de como a psique descreveu sua própria "profundidade". É uma descrição do inconsciente profundo, que tem diferentes aspectos diante de diferentes circunstâncias.

FIGURA 5.3

O abismo é aberto e gafanhotos emergem. Wittenberg, 1543. Xilogravura.

Somos tratados com a outra visão do Abismo por meio de uma lenda judaica da qual eu gosto bastante; referi-me a ela em meu capítulo sobre o Rei Davi em *The Bible and the Psyche*. E esta versão vem de *The Lore of the Old Testament* (A tradição do Antigo Testamento), de Joseph Gaer:

> Quando os trabalhadores do Rei Davi começaram a construir a Casa de Deus, eles cavaram profundamente o ralo para o altar e, inadvertidamente, levantaram o fragmento da Boca do Abismo. Instantaneamente, as Águas das Profundezas começaram a subir para inundar a terra. Davi sabia que, a menos que a Boca do Abismo fosse selada novamente, o mundo seria destruído. Ele também sabia que somente uma pedra com o Nome Inefável sobre ela poderia selar o Abismo [...] Davi baixou a pedra com o Santo Nome sobre ela há dezesseis mil *côvados* da superfície da terra, e selou firmemente a Boca do Abismo. Mas logo se descobriu que a terra abaixo havia perdido sua umidade e mesmo as chuvas não eram suficientes para cultivar. O Rei Davi compôs então quinze salmos e, à medida que cada salmo era completado, as Águas das Profundezas subiam mil *côvados*. Quando as águas chegaram a menos de mil *côvados* da superfície da terra, ele ofereceu graças a Deus, que mantém o solo sempre úmido o suficiente para as colheitas, e não permite que o Abismo afunde um iota abaixo, ou um iota acima, de mil *côvados* (Gaer, 1966, p. 221; Edinger, 1986b, p. 85).

O simbolismo de estar em perigo em uma inundação das Águas Profundas – seguido pelo erro de selar o Abismo muito abaixo para que a terra não possa mais ser umedecida por baixo, enquanto as chuvas vindas de cima são insuficientes para sustentar a vida – é uma imagem digna de uma longa discussão psicológica. Deixarei essa questão para o leitor refletir posteriormente. Deixo suficientemente claro que os "salmos" de Davi retratam essas ocasiões de imaginação ativa; e eles solucionam seu problema.

Em um desses inúmeros aspectos, o Abismo é habitado por anjos caídos, demônios – pelos poderes transpessoais da escuridão – por complexos autônomos e inconscientes que possuem núcleos arquetípicos. De fato, os complexos autônomos e inconscientes, que estão profundamente enraizados, são entidades "demoníacas"; pois estes derivam sua energia da psique primordial não transformada. Estes são muito reais. Qualquer pessoa que se submeteu a uma análise pessoal transformadora terá experimentado pelo menos uma pequena "possessão demoníaca", uma experiência universal da qual ninguém está imune. A análise de uma pessoa pode ser, é claro, um processo até mesmo superficial. Mas, se alguém necessitar de uma proteção contra uma "possessão demoníaca" somente um autoconhecimento profundo pode oferecer essa proteção. Quando perguntaram a Jung como ele poderia viver com o conhecimento da natureza de Deus que nos revelou em *Resposta a Jó*, ele respondeu – como relata von Franz – "Eu vivo em meu inferno mais profundo e de lá não posso cair mais abaixo" (von Franz, 1975, p. 174). Isto significa que, se alguém "vive" naquele mais profundo inferno, os complexos demoníacos passam por uma resolução: se o ego habita o inferno, ele não é mais povoado por demônios inconscientes; o inferno foi despovoado porque fora penetrado pela consciência.

5.5 Invasão de gafanhotos

Nossa escritura nos diz que quando o acesso para o Abismo foi destrancado, "a fumaça saiu do Abismo como a fumaça
de uma enorme fornalha". Esta é exatamente a forma como
Yahweh se manifestou no Monte Sinai: "Todo o Monte Sinai
fumegava, pois o SENHOR havia descido sobre ele em meio ao
fogo. A fumaça subia como de uma fornalha, e todo o monte
tremia violentamente" (Ex 19,18).

É psicologicamente significativo que a abertura do Abismo "de baixo" deve ser descrita como a teofania do Monte Sinai "de cima" é descrita, porque configuram basicamente o
mesmo fenômeno visto de diferentes pontos de vista do ego.
De qualquer modo, quando o Abismo fora aberto, "da fumaça
caíram gafanhotos sobre a terra":

> Os gafanhotos pareciam cavalos preparados para a guerra.
> Tinham na cabeça algo semelhante a coroas de ouro, e
> sua cara era como um rosto humano. Os cabelos eram
> como cabelos de mulher e os dentes como dentes de leão.
> As couraças eram como couraças de ferro e o barulho das
> asas parecia o barulho de carros com muitos cavalos que
> correm para a batalha. Tinham caudas com ferrão como
> os escorpiões. Era na cauda que estava o poder de causar
> dano às pessoas por cinco meses (Ap 9,7-10).

Essas são as "potências demoníacas". A imagética não é
original, mas é emprestada do Livro de Joel, do Antigo Testamento, escrito em resposta a uma "praga de gafanhotos" – que
o profeta interpreta como um exército invasor no grande dia de
Yahweh. Ford acredita que Joel está brincando com as palavras:
a palavra hebraica *hargol* para "gafanhoto" está próxima da
palavra árabe *harjal* para "tropas", uma conexão que os povos

do Oriente Médio teriam percebido (Ford, 1975, p. 150). Aqui, então, se encontra a escritura relevante:

> Ouvi, anciãos, escutai, vós todos os habitantes do país! Já aconteceu tal coisa em vossos dias, ou nos dias de vossos pais? Contai-o a vossos filhos, vossos filhos a seus filhos, e seus filhos à geração seguinte. O que a lagarta deixou, o gafanhoto devorou! O que o gafanhoto deixou, o pulgão devorou! O que o pulgão deixou, a cigarrinha devorou! Despertai, vós bêbados, e chorai! Lamentai-vos, todos os bebedores de vinho, por causa do vinho novo, pois ele foi arrancado de vossa boca! Porque uma nação subiu contra o meu país, poderosa e inumerável; seus dentes são de leão, tem as mandíbulas de leoa. Transformou a minha vinha num deserto e a minha figueira em galhos secos; descascou-a completamente e a derrubou, seus ramos tornaram-se brancos! Lamenta-te como virgem, vestida de luto, pelo esposo de sua juventude. Oblação e libação foram suprimidas da casa do SENHOR. Estão de luto os sacerdotes, ministros do SENHOR (Jl 1,2-9).

Como uma descrição do Dia de Yahweh, esta é uma invasão das forças demoníacas ativadas pelo arquétipo do Apocalipse; e, de fato, é uma das formas pelas quais o inconsciente coletivo pode se manifestar.

Ford observa que várias pragas invocadas pelos "trompetistas" possuem muitos paralelos com as pragas do Antigo Testamento sobre o Egito: uma delas foi o trovão, granizo, e o fogo que veio com o soar da primeira trombeta; outra praga foi a de que o Nilo se transformou em sangue, um aspecto da segunda trombeta; a escuridão sobre o Egito por três dias corresponde à quarta trombeta quando uma terça parte da luz foi perdida; a praga dos gafanhotos foi a oitava praga correspondente à quinta trombeta que acabamos de examinar; e algumas outras pragas possuem paralelos reversos (Ford, 1975, p. 154-155). Isto indica que o simbolismo chegou ao ciclo completo, por assim dizer. Ele começa com a imposição de pragas por Yahweh aos egípcios – o meio pelo qual os israelitas foram libertados da escravidão e acabariam indo para a terra prometida para fundar sua nação. Mas, se pensarmos no Livro do Apocalipse como essencialmente um apocalipse judaico, as mesmas pragas que devastaram o inimigo de Israel no passado são agora aplicadas propriamente para Israel.

Eu discuto o significado psicológico de cada praga egípcia em *A Bíblia e a Psique* (Edinger, 1986b, p. 49s.). Mas, em geral, podemos entendê-las como respostas do inconsciente contra a tirania do ego representada pelo "Faraó". Por tirania do ego, refiro-me à "onipotência divina" de um ego que não percebe nenhuma agência psíquica interior fundamental, além de si. Algo de natureza semelhante tem desencadeado a mesma reação aqui, em nosso apocalipse: em outras palavras, os "judeus" se tornaram "egípcios".

Deixe-me repetir, no entanto, que esta imagem de "invasão" se aplica somente àqueles indivíduos nos quais existe uma grande disparidade entre a consciência e as energias acumuladas do inconsciente: um estado dissociativo que construiu uma condição de tão intensa polarização entre estas duas esferas psíquicas que faz com que este tipo de imagem necessariamente apareça. E com uma civilização cuja psique coletiva se tornou completamente secularizada – em termos psicológicos, e não religiosos –, que perdeu todo o sentido de conexão com a dimensão transpessoal da psique e da vida, pode tornar-se assim um terreno fértil para a erupção destas mesmas imagens. Como esse é o estado de nossa própria civilização, não devemos nos surpreender ao escutarmos o seguinte sonho moderno:

> Estamos em um lugar como o Central Park. A família também está lá, e o bebê também. O menino assumiu as características de uma galinha recém-nascida. Mas ninguém parece se importar. Algo mais está acontecendo. O solo está em erupção, inchando, e com roncos vulcânicos. O chão está borbulhando com uma enorme bolha escura. As pessoas não estão muito preocupadas, no entanto, talvez seja um novo vulcão – algo para as notícias das seis. Reunimos o que temos e partimos; no entanto, uma outra erupção semelhante está acontecendo do outro lado do parque. Confusão, medo e desejo de permanecer parado prendem as pessoas agora [...] outros lugares do mundo também relatam erupções neste momento. As erupções daqui estavam se tornando cada vez mais altas, e não eram provenientes de bombas subterrâneas, mas vindas da própria terra. Elas eram o resultado do "acaso", ou de algo que havíamos feito em nossa implacável perseguição à diversidade da terra? Corremos para o carro, dirigimos para casa, mas as erupções estavam se tornando mais frequentes. As luzes estavam apagando; os engarrafamentos se tornando habituais; o ar estava poluído com novos detritos e fumaça; a viagem tornou-se impossível; o bebê chorou [...] (Hill, 1994, p. 81).

Embora este sonho venha da coleção de sonhos apocalípticos de Hill, podemos perguntar: O que um analista faria com tal sonho caso o trouxessem para uma sessão? Primeiro de tudo, o analista investigaria o que estava acontecendo na vida pessoal do sonhador; porque os sonhos quase sempre possuem uma esfera de referência pessoal, além de quaisquer outros níveis que eles possam ter. Não podemos saber neste caso sobre o material pessoal, mas claramente deve haver algum. Mas também é claro que isto retrata mais do que um sonho pessoal. Agora, se alguém me pedir critérios exatos para determinar quando se está lidando com um sonho coletivo, se tornaria difícil ser tão preciso. Quando eu vejo o "cintilar" de uma imagem arquetípica brilhando através de um sonho – como é neste caso – eu sei que se trata de algo para além do pessoal. E meu conhecimento e compreensão do *Zeitgeist* coletivo me permite fazer um julgamento sobre o fato do sonho ter ou não ter alguma referência significativa à coletividade contemporânea. O componente coletivo não tem necessariamente uma dimensão contemporânea para isto, mas neste caso se encontra ali, com toda certeza.

5.6 Comendo o pergaminho

No capítulo 10 do Apocalipse, encontramos a estranha imagem de alguém "comendo o pequeno pergaminho":

> A voz que eu tinha ouvido do céu voltou a falar comigo: "Vai pegar o livrinho aberto da mão do anjo que está sobre o mar e a terra". Fui até o anjo e pedi que me desse o livrinho. Ele me disse: "Toma e come. Será amargo para digerir, mas em tua boca será doce como mel". Peguei o livrinho da mão do anjo e o comi. Em minha boca era doce como mel mas, quando o engoli, meu estômago ficou amargo. Disseram-me então: "É preciso que profetizes de novo a respeito de muitos povos, nações, línguas e reis" (Ap 10,8-11).

Este episódio (cf. fig. 5.4.) se origina de uma forma um tanto explícita de uma visão em Ezequiel:

Quanto a ti, filho de homem, ouve o que eu te falo. Não sejas rebelde como esta corja de rebeldes. Abre a boca e come o que eu te dou". Eu olhei e vi uma mão estendida para mim, e nela um livro enrolado. Desenrolou-o diante de mim. Estava escrito na frente e no verso e continha cantos fúnebres, lamentações e ais.

Ele me disse: "Filho de homem, come o que tens diante de ti! Come este rolo e vai falar à casa de Israel". Eu abri a boca e ele me fez comer o rolo, dizendo: "Filho de homem, alimenta teu ventre e sacia as entranhas com este rolo que te dou". Eu o comi, e era doce como mel em minha boca. Ele me disse: "Filho de homem, vai! Dirige-te à casa de Israel e fala-lhes com minhas palavras (Ez 2,8–3,4).

FIGURA 5.4

Albrecht Dürer. São João devorando o Livro. 1497-1498. Xilogravura.

Embora este texto anterior não se refira a um "sabor azedo", se trata basicamente da mesma imagem. O motivo surge comumente nos sonhos – não que seja pedido para comer um livro, mas sim que se dê ao sonhador algo para comer. Isso significa que algum conteúdo está sendo oferecido pelo inconsciente para ser "absorvido" ou assimilado pelo ego.

Esta imagem é particularmente marcante porque também diz respeito ao simbolismo dúplice da "boca" (Elder, 1996, cap. 8). Por um lado, a boca é um órgão receptivo, recebendo material comestível e nutritivo para assimilar e transformá-lo em sua própria substância. Por outro, a boca é o órgão expressivo que emite a *palavra criativa*. É essa dupla referência que nos dá a ligação simbólica entre "alimento" e "palavra", uma ligação que surge repetidamente na Bíblia onde a Palavra de Deus é alimento. Por exemplo:

> Deuteronômio 8,3: "Ele te humilhou, fazendo-te passar fome e, depois, te alimentou com o maná que nem tu, nem teus pais conheciam, para te mostrar que nem só de pão vive o ser humano, mas de tudo que procede da boca do SENHOR".
>
> Provérbios 9,5: "Vinde comer do meu pão e beber do vinho que preparei".
>
> Eclesiástico 15,2-3: "Ela virá a seu encontro como mãe, e como uma esposa virgem o acolherá. Com o pão da inteligência o alimentará e da água da sabedoria lhe dará a beber".

Nestas passagens, os dois aspectos da simbologia da boca são combinados: a palavra que sai da boca de Yahweh ou Sofia é levada para a boca do receptor como alimento a ser digerido. O profeta, então, deveria evidentemente regurgitar essa palavra e expressá-la novamente de sua própria boca. Pois, nas passagens do Apocalipse e de Ezequiel, tão logo o profeta fora instruído a comer o pergaminho também fora instruído a sair e pregar o que estava dentro deste. Isto deixa em aberto a questão de se o que está sendo pregado foi assimilado ou não primeiro pelo pregador, considerando que algumas pessoas se comportam como as aves que alimentam seus filhotes. Esta é uma pergunta a ser feita quando confrontados por aparentes profetas que afirmam dar expressão a verdades transpessoais: Eles estão regurgitando o que foi assimilado ou apenas proclamando o que não foi realmente assumido?

6 Apocalipse: capítulos 11, 12 e 13

6.1 Medindo o Templo

O capítulo 11 começa com uma imagem bastante estranha:

> Foi-me dado um caniço de medir, semelhante a uma vara, e me disseram: "Levanta-te e mede o Templo de Deus, o altar e os que nele estão adorando. Quanto ao pátio externo do templo, deixa-o de fora e não o meças, porque foi entregue às nações que pisarão a cidade santa durante quarenta e dois meses (Ap 11,1-2).

Aqui ficamos sabendo do significado de "medir", que merece alguma atenção. Tal como acontece com grande parte do material do Livro do Apocalipse, esta imagem tem um protótipo encontrado em outros livros visionários, especialmente no Livro de Ezequiel. Ali, no capítulo 40, Ezequiel descreve outra de suas visões enquanto vivia no exílio:

> No vigésimo quinto ano de nosso cativeiro, no princípio do ano, no dia dez do mês, 14 anos após a queda da cidade, nesse mesmo dia a mão do SENHOR esteve sobre mim, e ele me levou para lá. Ele me levou em êxtase ao país de Israel e me deixou sobre um monte muito alto, no qual havia como que edifícios de uma cidade no lado sul. Para

> lá ele me levou. E ali vi um homem cujo aspecto era o do bronze. Estava junto à porta e tinha na mão uma corda de linho e uma vara de medir. E o homem me falou: "Filho de homem, olha bem e escuta atentamente! Presta bem atenção a tudo que eu te mostrar, pois foste trazido para cá a fim de que eu te mostrasse isso. Conta tudo que vires para a casa de Israel" (Ez 40,1-4).

O que se segue é uma descrição muito longa, na qual Ezequiel observa este homem a medir um templo, com todas as dimensões explicitadas. Em algumas bíblias (por exemplo, a Bíblia de Estudo Nova Versão Internacional – NIV), provêm-se diagramas para este templo visionário que foi descrito de modo tão preciso que pode ser desenhado – embora jamais tenha existido. Lembremo-nos de que na época das visões de Ezequiel, o templo já havia sido destruído em 586 a.C.; não havia nenhum templo ali, e a elite da cultura judaica estava vivendo no cativeiro. De igual modo, no tempo da visão de João, o templo havia sido destruído novamente por Tito, no ano 70, e nunca mais foi reconstruído. Destarte, ficamos sabendo que João recebe a ordem de medir não um templo real, concreto, mas um templo visionário.

Ora, trata-se de um tipo estranho de ocupação: aplicar a abordagem exata de medida quantitativa a um objeto visionário. E, como no caso de todo esse material, surge a questão: o que significa isso? Medir é um procedimento meticuloso, racional, analítico como preparação para alguma construção concreta. Portanto, João (de modo atípico ao seu papel costumeiro), neste momento, torna-se participante ativo do drama divino; não é apenas um receptor passivo. É bem verdade que o momento passa, mas ele aparece aqui. Vejo-o como prova do fato psicológico de que o ego deve participar ativamente da compreensão e do complemento dos propósitos do inconsciente, uma vez que o inconsciente está ativado. O ego deve participar da construção do "templo" do si-mesmo – ela não acontece simplesmente, de maneira milagrosa, enquanto o ego observa passivamente. A esse respeito, lembro ao leitor o sonho de Max Zeller, citado acima, no qual várias pessoas estão trabalhando na construção de um templo extraordinário.

6.2 A mulher Sol-Lua

A próxima visão é, talvez, a mais importante de todo o Livro do Apocalipse, considerada do ponto de vista psicológico. Começando no capítulo 12, lemos:

> Apareceu no céu um grande sinal: uma mulher vestida do sol, com a lua debaixo dos pés e na cabeça uma coroa de doze estrelas. Estava grávida e gritava nas dores de parto, angustiada para dar à luz. Apareceu então outro sinal no céu: um grande dragão cor de fogo, com sete cabeças e dez chifres, e sobre as cabeças sete diademas. A cauda varreu do céu a terça parte das estrelas, atirando-as sobre a terra. O dragão parou diante da mulher que estava para dar à luz a fim de devorar o filho, quando ela o desse à luz. A mulher deu à luz um filho homem, que irá governar todas as nações com cetro de ferro. Mas o filho foi arrebatado para junto de Deus e de seu trono. A mulher fugiu para o deserto, onde havia um lugar preparado por Deus, para alimentá-la durante mil e duzentos e sessenta dias (Ap 12,1-6).

Embora extraordinariamente importante (cf. fig. 6.1), esta passagem é algo como um corpo estranho no texto. Com a exceção da única frase – "um filho homem que irá governar todas as nações com cetro de ferro" – não há referências bíblicas. Em outras palavras, os acontecimentos descritos aqui se sucedem fora da urdidura ou da trama de alusões interconectadas que compõem o resto do livro. O foco, naturalmente, recai sobre a figura a que podemos chamar de "Mulher Sol-Lua" – a mulher tão intimamente ligada a esses dois corpos celestiais, a ponto de estar vestida com o sol e ter a lua sob seus pés. Embora a tensão nas interpretações convencionais seja evidente, a visão mais comum é que ela representa a "comunidade" do povo de Deus. Assim, se interpretada do ponto de vista do judaísmo, ela é a comunidade de Israel; se do ponto de vista do cristianismo, representa a comunidade da Igreja. Em ambos os casos, a criança é usualmente considerada como sendo o Messias, posto que – no caso de Cristo – o Ungido já tivesse nascido muito tempo antes desta visão. Às vezes, os comentadores equiparam a "Mulher Sol-Lua" com Maria, a mãe de Jesus, de modo que o arrebatamento da criança para o céu imediatamente após seu nascimento pode ser tomado, de alguma forma, como a Ascenção de Cristo como um homem plenamente crescido. Todos estes comentários fazem um esforço para as coisas se encaixarem. Contudo, uma variação interessante aparece na teologia atual das Testemunhas de Jeová: ou seja, que a "Mulher Sol-Lua" é a esposa simbólica de Jeová – uma noção um tanto surpreendente vinda de uma seita fundamentalista!

Jung atribui grande importância a esta imagem no Livro do Apocalipse, e comenta como segue:

Figura 6.1

A Mulher do Apocalipse, tirado de *O Apocalipse dos Claustros*.
C. 1310-1320. Iluminura. Coleção dos Claustros. Museu Metropolitano de Arte, Nova York.

Esta visão destoa do conjunto. Enquanto nos quadros anteriores dificilmente se pode fugir à impressão de que foram submetidos a um processo posterior de revisão, coordenação e embelezamento, a presente cena dá-nos a sensação de que originariamente não estava orientada nem se destinava a um fim pedagógico qualquer [...] pois se trata aqui de uma parte do hierógamos cujo fruto é a criança divina. Sobre tal criança pesa o mesmo destino que ameaçou Apolo, o filho de Leto, que também foi perseguido por um dragão (OC, vol. 11/4, § 711).

Sem dúvida, esta imagem é uma clara referência ao mito Grego de Leto, que deu à luz Apolo e Ártemis. Zeus teve relações sexuais com Leto, que ficou grávida de gêmeos – despertando os ciúmes de Hera, que perseguiu sua rival. Ela lançou a perigosa

Píton no encalço de Leto e negou permissão, praticamente, a qualquer país para que lhe desse repouso a fim de que desse à luz. Nenhum país poderia aceitá-la. Desse modo, por fim, Apolo e Ártemis nasceram na ilha flutuante de Delos, que não "existia" inteiramente, uma vez que estava apenas flutuando. Pouco tempo depois do nascimento (evento no qual a ilha enraizou-se e tornou-se sólida), o jovem Apolo matou Píton, inimiga de sua mãe.

O paralelo com nosso Apocalipse é muito próximo. Leto está intimamente relacionado ao sol e à lua, uma vez que ela realmente dá à luz este par celestial: o par antropomórfico "Apolo-Ártemis" significava para os gregos, no nível cósmico, "sol-lua". Isto significa – passando para termos alquímicos – que a *coniunctio* ['união'] existia em uma base inconsciente no ventre escuro de Leto antes dos nascimentos; quando seus filhos nasceram, uma *separatio* ['separação'] aconteceu na distinção dos corpos celestiais e na distinção das divindades. Este processo, portanto, estava acontecendo dentro da psique dos gregos naquele período de seu desenvolvimento. Contudo, veja-se o que acontece no Apocalipse: a Mulher Sol-Lua está associada aos mesmos corpos celestes como entidades separadas já distintas, estando vestida com o sol enquanto permanece de pé sobre a lua; e ela dá à luz não gêmeos, mas uma única criança. Há, portanto, algo de um paralelo-invertido à história de Leto, mediante o qual a criança no Apocalipse representa uma união dos opostos que se tinham anteriormente separado.

O próprio Jung alude a esta interpretação em *Resposta a Jó:*

> O filho que nasce destas núpcias celestes é necessariamente uma *complexio oppositorum*, um símbolo de unificação, uma totalidade da vida. Não é sem motivo, certamente, que

> o inconsciente de João se inspira aqui, na tradição grega, para descrever uma experiência escatológica singular; ela não deve ser confundida com o nascimento do Cristo menino, ocorrido há muitíssimo tempo, em circunstâncias totalmente diversas (OC 11/4, § 712).

Uma vez que a criança nascida no Apocalipse é "levantada" ("arrebatar" é como a maioria das traduções prefere) para junto de Deus e de seu trono, Jung sentiu-se levado a afirmar: "indicações talvez de que se trata de uma figura que fica provisoriamente em estado de latência, para surgir num futuro posterior (OC 11/4, § 713).

Penso que poderíamos dizer que este episódio visionário especial, incrustado bem no meio do Apocalipse de João, é o coração vivo de toda a visão, compreendida psicologicamente. Está enterrado, como um pequeno episódio relativamente silencioso, no meio de todo o som e fúria do apocalipse. Esta passagem no capítulo 12 é claramente uma autêntica expressão espontânea de simbolismo da *coniunctio* e até mesmo demonstra sua autenticidade pelo fato de que se situa fora da trama cuidadosamente urdida dos paralelos textuais que contêm o resto do texto. E o fato mesmo de que esta imagem deriva de uma fonte pagã ratifica ainda mais sua autenticidade psicológica. Jung diz o mesmo:

> O fato de que João, ao descrever o nascimento da criança, tenha se utilizado do mito de Apolo e Leto parece-nos indicar que, ao contrário do que nos ensina a tradição cristã, a visão em apreço é um produto do inconsciente. Ora, no inconsciente acha-se tudo o que é rejeitado pela consciência, e quanto mais cristã é esta consciência, tanto mais o inconsciente se comporta de forma pagã; se ainda

> se encontrarem valores de importância vital no paganismo
> rejeitado, isto é, a criança (como acontece tão frequen-
> temente) foi atirada fora juntamente com a água em que
> foi banhada (OC 11/4, § 713).

Sem dúvida, o valor supremo deve ser encontrado embu-
tido nesta imagem grega ou assim chamada pagã; porque é o
símbolo da totalidade, a *coniunctio*: isto é, o "bebê".

6.3 Batalha no céu

Agora devemos levar em conta o tema da "batalha no céu"
e subsequente expulsão de satanás de sua morada celestial para
a terra. Estes acontecimentos aparecem também no capítulo
12 do Apocalipse:

> Houve então uma batalha no céu: Miguel e seus anjos
> lutaram contra o dragão. O dragão também lutou, junto
> com os seus anjos, mas foram derrotados, e não houve
> mais lugar para eles no céu. O grande dragão, a antiga ser-
> pente, chamada diabo e satanás, que seduz o mundo todo,
> foi expulso para a terra, juntamente com os seus anjos.
>
> Ouvi então uma voz forte no céu, que dizia: "Realizou-se
> agora a salvação e o poder, o reino de nosso Deus e a au-
> toridade de seu Cristo, porque foi expulso o acusador dos
> nossos irmãos, aquele que os acusava dia e noite diante
> de nosso Deus. Eles o venceram pelo sangue do Cordeiro e
> pela palavra de seu testemunho, pois desprezaram a própria
> vida até à morte. Por isso alegrai-vos, ó céus e todos os
> seus habitantes. Mas ai da terra e do mar, porque o diabo
> desceu para junto de vós, cheio de grande furor, sabendo
> que lhe resta pouco tempo" (Ap 12,7-12).

Do ponto de vista psicológico, isto é sumamente interessante. Com efeito, somente agora – quando João está testemunhando sua visão – acontece a ruptura decisiva no pleroma (ou seja, no inconsciente) entre os dois lados da Divindade. Finalmente, o "perseguidor" foi expulso do céu para a terra; e ali, no interior da entidade divina, aconteceu uma divisão entre bem e mal. Ou, para usar a terminologia de Jung, satanás – o segundo filho de Yahweh – nasceu. Contudo, Cristo, o primogênito de Yahweh, já havia anunciado este evento décadas antes em Lucas, onde informa: "Eu via satanás cair do céu como um raio" (10,18). Ou isso era uma visão premonitória, ou, em algum nível, o acontecimento já havia ocorrido.

O grande poema de Milton, *Paraíso Perdido*, depende da lenda judaico-cristã, segundo a qual satanás havia sido expulso do céu até mesmo mais cedo – ou seja, antes da queda de Adão e Eva – e que satanás tinha vivido como uma serpente no Jardim do Éden. O capítulo 6 do Gênesis alude à união pecaminosa dos "filhos de Deus" com mulheres mortais sobre a terra nos tempos primitivo, enquanto o Livro de Enoque estende-se consideravelmente sobre o tema de que havia "anjos caídos" nos dias de Noé. A imagem, conforme podemos ver, é extremamente fluida; flutua pela história e pode repousar aqui, ali e acolá. Leiamos a partir de Milton, que já falou da queda de Adão e Eva em seu poema:

> Quem lhes urdiu a sedução malvada
> Que os lançou em tão feia rebeldia?
> O Dragão infernal. Com torpe engano,
> Por inveja e vinganças instigado,
> Ele iludiu a mãe da humana prole,
> Lá depois que seu ímpeto soberbo

> O expulsara dos Céus coa imensa turba
> Dos rebelados anjos, seus consócios.
> Confiado num exército tamanho,
> Aspirando no Empíreo a ter assento
> De seus iguais acima, destinara
> Ombrear com Deus, se Deus se lhe opusesse,
> E com tal ambição, com tal ânsia,
> Do Onipotente contra o Império e trono
> Fez audaz e ímpio guerra, deu batalhas.
> Mas da altura da abóbada celeste
> Deus, coa mão cheia de fulmíneos dardos,
> O arrojou de cabeça ao fundo Abismo,
> Mar lúgubre de ruínas insondável,
> A fim de que atormentado ali vivesse
> Com grilhões de diamante e intenso fogo
> O que ousou desafiar em campo o Eterno
> (Milton, 1962, vol. 1, 33-49).

Esta é exatamente a mesma imagem do Livro do Apocalipse, colocada, no entanto, bem no começo da história humana por Milton, que estava seguindo os eclesiásticos de seu tempo. Mas esta localização antecipada não se encaixa de forma alguma nas escrituras canônicas, conforme o Livro de Jó deixa bem claro, tal como Rivkah Kluger demonstra em seu livro, *satanás no Antigo Testamento* (Kluger, 1967). Satanás tinha acesso ao céu por todo o período do Antigo Testamento. Ele ainda não tinha sido expulso do céu, pois podia entrar e sair.

Contudo, é sumamente interessante que Milton devesse escrever seu relato clássico desta imagem arquetípica no tempo particular em que ele o fez. Ele escreveu no século XVII; e – conforme o entendo e Jung indica em *Aion* – satanás realmente "caiu do céu" empiricamente no começo do século XVI com o visível advento do anticristo e, incidentemente, com a emergência da lenda do encontro de Fausto com Mefistófeles. Outra maneira de expressar isso é que a imagem de Deus "caiu" da projeção metafísica por volta do ano de 1500 para a minoria criativa da humanidade ocidental. E ao alojar-se na proximidade do ego, a imagem positiva de "Lúcifer" (que em latim significa "portador de luz") reverteu sua polaridade. A mudança se deveu ao fato de que sempre que energias transpessoais tocam o ego, elas produzem inflação: tornam-se "lucíferas" no sentido negativo[36].

Vejamos novamente, desta vez da Versão Autorizada do Rei James, como o céu reage à expulsão de satanás:

> Por isso regozijai-vos ó céus, e vós que neles habitais. Ai dos que habitam a terra e o mar! porque o diabo desceu até vós com grande ira, pois ele sabe que pouco tempo lhe resta (Ap 12,12).

---

36. Nota do editor: O autor escreveu em *Goethe's "Faust": Notes for a Jungian Commentary*, p. 14: "No século XVI, a imagem de Deus caiu do céu (projeção metafísica) e aterrissou na psique humana. No curso desta transição do céu para a terra, sofreu uma enantiodromia de Cristo para o anticristo. Este acontecimento calceta o caminho para o encontro de Fausto com Mefistófeles. [...] Naturalmente, os artistas, os estudiosos, os exploradores, os reformadores e os cientistas do século XVI não consideravam suas atividades como diabólicas. Eram todos bons cristãos; pensavam que estavam excitados pela expansão do conhecimento e da energia humanos. No entanto, as coisas pareciam diferentes do ponto de vista do inconsciente que, como um sonho compensatório, gerou o Fausto da lenda" (Edinger, 1990a, p. 14). Um importante comentário de Jung está em *Aion*: "O ideal de espiritualização que aspira às alturas deveria ser contrariado pela paixão materialista, presa unicamente às coisas da terra e ocupada em dominar a matéria e conquistar o mundo. Esta transformação tornou-se manifesta na época do 'Renascimento'" (OC 9/2, § 78).

Este versículo indica que o "céu" (o inconsciente coletivo) está a purificar-se de uma personagem problemática e enganando-o na "terra" (símbolo do ego). E isso, sem dúvida, é o que aconteceu nos últimos quinhentos anos da Era Cristã. Tem acontecido uma ampla expansão de energias humanas conscientes e iniciativas em todas as áreas do empreendimento humano. Isto tem sido acompanhado por crescente inflação do ego. É uma característica de nossos tempos que alcançou proporções tais, que dificilmente alguém pode ignorá-la.

Há uma associação impressionante com tudo isso em *Ilustrações do Livro de Jó*, de William Blake. Escrevi um livrete a respeito daquela série de 22 gravuras que praticamente seguem o relato bíblico (Edinger, 1986a, p. 54s.). A gravura 15, por exemplo, retrata Yahweh mostrando a Jó "Beemot" que o Senhor havia criado; e podemos interpretar este monstro como o "lado inferior" de Deus (cf. fig. 6.2). Mas a gravura 16 é outra história. Ele retrata satanás sendo lançado do céu para o inferno, até mesmo abaixo da terra: e, no entanto, este acontecimento não se dá em parte alguma do Livro de Jó! Portanto, a questão é: o que esta imagem está fazendo na série de Blake? É como se o inconsciente deste artista – com extraordinária perspicácia – deslizasse para esta imagem precisamente naquele ponto porque é onde Jó descobriu conscientemente os dois lados da natureza de Yahweh. Naquele momento de *discernimento,* Yahweh e satanás "separaram-se". Considero este um exemplo bastante notável de como a psique autêntica pode revelar-se a um artista criativo quando ele está lidando com o tipo de material que permite a revelação (cf. fig. 6.3).

FIGURA 6.2

William Blake. *Vê agora o Beemot que eu criei como criei a ti*, tirado de *Ilustrações ao Livro de Jó*. Aquarela.

FIGURA 6.3

William Blake. *Cumpriste o julgamento do ímpio*. De *Ilustrações ao Livro de Jó*. Aquarela.

6.4 As bestas

No capítulo 13 do Livro do Apocalipse lemos:

> Vi, então, subir do mar uma besta com dez chifres e sete cabeças. Sobre os chifres havia dez diademas e sobre as cabeças, nomes blasfematórios. A besta que vi parecia uma pantera. Os pés eram como pés de urso, e a boca como a boca de um leão. O dragão lhe deu seu poder, seu trono e uma grande autoridade [...] Vi outra besta que subia da terra. Tinha dois chifres como um cordeiro, mas falava como dragão. Exercia todo o poder a serviço da primeira besta, fazendo com que a terra e todos os seus habitantes adorassem a primeira besta, cuja chaga mortal tinha sido curada (Ap 13,1-2.11-12).

Embora haja detalhes importantes dignos de exame aqui (cf. fig. 6.4), devo concentrar-me no sentido geral das duas "bestas" que trazem o conteúdo psicológico principal desta seção. Consoante muitos estudiosos, estas duas feras são os monstros bíblicos Leviatã e Beemot. Leviatã é o monstro marinho ("do mar"), e Beemot é o monstro terrestre ("do solo"). Com efeito, é verdade que quando o arquétipo do Apocalipse é ativado e o inconsciente se abre, a vinda do si-mesmo – com todos os seus tumultuosos fenômenos – traz consigo não apenas energias transpessoais "espirituais", mas também "animais". Conforme relata um sonhador moderno: "Havia-se produzido tanto calor nas profundezas da terra, em decorrência das explosões da bomba atômica, que terremotos forçaram ovos de dinossauro, adormecidos havia muito tempo, vir à superfície, onde eclodiram" (Hill, 1994, p. 84). Este é um paralelo moderno aproximadamente preciso deste motivo da ocorrência apocalíptica de "monstros".

Estas duas criaturas, Leviatã e Beemot, aparecem em primeiro lugar no Livro de Jó. Yahweh está respondendo a Jó do meio da tempestade e diz:

> Cinge os teus rins como um valente; eu te interrogarei e tu me instruirás. Ousas mesmo anular meu julgamento, ou condenar-me para te justificares? Se tens um braço como o de Deus e tua voz troveja como a dele, veste-te de majestade e grandeza, cobre-te de glória e esplendor, dá livre curso às torrentes de tua ira e, com um olhar, rebaixa todo o soberbo, humilha com um olhar todo o soberbo e calca aos pés os ímpios no seu lugar, oculta-os todos juntos no pó, enfaixa-lhes o rosto na tumba! Então também eu te louvarei, pois sabes vencer com tua mão direita [...] Poderás pescar com anzol o crocodilo [leviatã] e atar-lhe a língua com uma corda? (Jó 40,7-14.25).

Figura 6.4

Albrecht Dürer. *O monstro do mar e a besta*. C. 1498. Xilogravura.

Como parte de sua irresistível manifestação, Deus faz com que Jó testemunhe o que Jung chama de sua "coleção de feras". Estas são imagens da psique primordial. Elas são "o lado inferior" de Yahweh – ou, conforme Jung o expressa, o "mundo abissal de fragmentos". No Apocalipse de João, eles entram em franca manifestação para que todos vejam. Muitas vezes somos expostos ao acontecimento de energias transpessoais "invadindo" o ego: energias celestiais caem do céu; energias espirituais demoníacas levantam-se de seu confinamento no inferno; e energias animais brutais emergem do mar e da terra para a visibilidade.

A presença simbólica de Beemot e Leviatã no Apocalipse estabelece uma conexão com o Livro de Jó, e isso ajuda-nos a compreender melhor por que Jung escolheu discutir estes textos juntamente em sua *Resposta a Jó*. A primeira metade daquela obra é, sem dúvida, acerca do Livro de Jó, do Antigo Testamento; a última parte, porém, trata do Livro do Apocalipse, do Novo Testamento. A continuidade simbólica é clara: a provação individual de Jó era um tipo de prelúdio para a provação coletiva retratada pelo Apocalipse. E assim como *Resposta a Jó* de Jung nos fornece a significativa compreensão da provação de Jó, ela também nos ajuda a compreender os acontecimentos apocalípticos retratados no Livro do Apocalipse. Ademais, do mesmo modo que a obra de Jung nos ajuda a compreender o que se está passando quando um de nós tem uma provação de "Jó" individual, ela também nos ajuda a captar o significado dos eventos apocalípticos que se sucedem hoje na psique coletiva – acontecimentos nos quais nos descobrimos comprometidos, no mínimo, como observadores-participantes.

Sem dúvida, penso que a importância da breve obra de Jung, *Resposta a Jó*, não pode ser superestimada. Nenhuma outra fonte oferece a percepção do significado do Holocausto judeu como um exemplo do Apocalipse que agora está acontecendo na psique coletiva. E *está* em andamento. Uma vez que se obtém alguma consciência do importante simbolismo, então se é capaz de vê-lo; não há necessidade de grandes poderes proféticos, porque os acontecimentos já são visíveis. Tudo o que se deve fazer é olhar por baixo da superfície e ver o que está acontecendo no nível da psique coletiva. Naturalmente, exige-se um pouco de trabalho para compreender aquilo de que Jung está falando.

De acordo com o apócrifo sírio Apocalipse de Baruc, "Leviatã surgirá do mar com o advento do Messias" (Jung, 1977, OC, vol. 9/2, § 178). A mesma fonte afirma que Beemot também será revelado, e que ambos os monstros se tornarão "alimento" para os sobreviventes do Fim. A lenda judaica elaborou este tema de maneira bastante bela. É um tema que eu considero de importância psicológica enorme, e já o examinei em *The Bible and the Psyche* (Edinger, 1986b, p. 159). De acordo com a lenda, haverá um grande banquete messiânico no qual a carne de Beemot e de Leviatã será consumida, e o Jardim do Éden será restaurado. Raphael Patai cita uma lenda em seus *Messiah Texts* da seguinte maneira:

> Naquela hora, o Santo, que Ele seja bendito, porá mesas e abaterá Beemot e Leviatã [...] e preparará grande banquete para os piedosos. E Ele fará cada um sentar-se de acordo com sua honra [...] e o Santo, que Ele seja bendito, irá trazer-lhes vinho que foi preservado em suas uvas desde os seis dias da criação [...] Ele realiza os desejos dos piedosos, levanta-se do Trono de Glória e senta-se com eles [...] E

> Ele traz todas as coisas agradáveis do Jardim do Éden [...]
> (Patai, 1979, p. 238-239).

Mais adiante ficamos sabendo:

> E o Santo, que Ele seja bendito, explicar-lhes-á os
> sentidos de uma nova Torá que ele lhes dará através
> do Messias [...] Naquela hora, o Santo, que Ele seja
> bendito, pega as chaves da Geena e, diante de todos os
> piedosos, entrega-as a Miguel e a Gabriel, e diz-lhes: "Vão
> e abram os portões da Geena, e tirem-nos da Geena"
> [...] E Gabriel e Miguel observam-nos [os maus] naquela
> hora, lavam-nos, ungem-nos com óleo, curam-nos dos
> ferimentos da Geena e vestem-nos com vestes belas e
> boas, e tomam-nos pela mão e trazem-nos diante do San-
> to, que Ele seja bendito [...] (Patai, 1979, p. 252-253).

Não é uma versão estimulantemente diferente do que temos lido em nosso texto apocalíptico cristão? Nesta lenda judaica, temos uma imagem de reconciliação, a manifestação de uma totalidade autêntica. Diferentemente da visão derivada da mandala no final do Livro do Apocalipse, no corpo principal do material cristão, temos, em vez disso, toda uma série de imagens muito violentas da *separatio*. Isso deve ser compreendido como um processo psicológico necessário, exigido pelo estágio de desenvolvimento da psique coletiva refletida no texto. Mas a ideia de um "banquete messiânico" sugere que a psique primordial será assimilada.

6.5 O número 666

O capítulo 13 do Apocalipse continua a falar da exigência de que a "besta" seja adorada nos últimos dias; e aqui existem referências claras aos Imperadores Romanos tardios que, de fato, reivindicaram divindade pessoal. Em acréscimo, adoradores de besta deviam ser marcados com o nome da besta ou com o número equivalente a seu nome (cf. fig. 6.5; compare com a fig. 4.4).

A Escritura afirma: "Aqui se requer sabedoria. Quem tiver inteligência calcule o número da besta, porque é o número de um homem. Seu número é seiscentos e sessenta e seis" (Ap 13,18). Ora, alguns leitores podem lembrar-se da observação de Jung em *Mysterium Coniunctionis*, de que o alquímico "Enigma de Bolonha" atuou como "papel mata-moscas para toda projeção concebível que zunia na mente humana" – atraindo para ele grande número de diferentes interpretações ao longo dos séculos (OC 14/3, § 52). Bem, esta imagem – o "número da besta, 666" – é também mata-moscas psíquico, gerando inúmeras projeções durante séculos. Uniformemente, grupos projetaram seus inimigos sobre o número 666; e eles fizeram isso porque, na Antiguidade, as letras do alfabeto eram equivalentes a números (a primeira letra é o número um, a segunda letra é o número dois, e assim por diante). Por conseguinte, podia-se fazer malabarismo em torno do nome de uma pessoa – colocá-lo em latim, ou em grego, ou em hebraico, ou em uma combinação de línguas até que o número resultasse "correto". Não era demasiado difícil fazê-lo. Mas, das projeções que aterrissaram neste "mata-moscas" apocalíptico ao longo dos séculos, nenhuma foi mais frequente do que o nome do Imperador Romano Nero. Considerou-se que a frase "Nero Caesar" resultava em "666"; mas outros Césares perseguidores também foram trazidos para este simbolismo. Certos padres cristãos pensavam que o número, de alguma maneira, referia-se especificamente ao Ogdóade ("óctuplo") gnóstico, porque os gnósticos eram seus maiores inimigos. Quando a Reforma chegou à Europa, no século XVI, os protestantes pensavam que o número 666 se referia à arqui-inimiga deles, a Igreja Católica; de fato, quando eles se referiam à Igreja como *"Italika Ekklesia"*, o número infame emergiria de modo suspeito (Ford, 1975, p. 216). Se os protestantes chamavam o papa em grego *"Papeiskos"*, o sistema alfanumérico funcionava perfeitamente. Obviamente, a Igreja Católica retribuía o favor e aplicava este sistema a seu inimigo Lutero. Todos os cristãos aplicavam o simbolismo alfanumérico a Maomé – e em tempos mais recentes, a Napoleão e, finalmente, a Hitler[37].

FIGURA 6.5

Marcados pela besta. Iluminura. Biblioteca Bodleian, Oxford.

---

37. Nota do editor: McGinn observa que cristãos fundamentalistas têm se fascinado menos com Hitler como portador do "666" do que com Mussolini, que reivindicou restaurar o Império Romano que perseguiu historicamente o cristianismo. Ele acrescenta à lista do "mata-moscas" o Papa João Paulo II, Henry Kissinger, Mikhail Gorbachev (com aquela suspeita marca vermelha em sua cabeça), Ronald Wilson Reagan (cujos três nomes têm, cada um, seis letras, uma variação moderna mais simples na equivalência alfanumérica), Pat Robertson (com seu estilo loquaz de um falso profeta) e Saddam Hussein (McGinn, 1994, p. 256s.).

Nada mais tenho a dizer a respeito deste número como um todo, mas desejo refletir sobre ele como um triplicado do número "seis" que está claramente enfatizado. Tradicionalmente, o número seis tem sido conhecido principalmente como o número do "casamento". E a "razão" simbólica para isso – lembrando que as razões simbólicas não seguem o mesmo caminho lógico como o faz a racionalidade – é que é o produto ou o "casamento" dos dois primeiros números primos dois e três. Outra razão mais convincente, penso eu, é que ele representa a "união" de um par de tríades representadas geometricamente por dois triângulos. Esta imagem foi usada na alquimia: o triângulo que aponta para cima é símbolo do "fogo"; e o triângulo que aponta para baixo é símbolo da "água". Quando estão superpostos – "casados" –, obtém-se, então, o assim chamado Signo de Salomão, popularmente mencionado como a Estrela de seis pontas de Davi (cf. fig. 6.6).

Figura 6.6

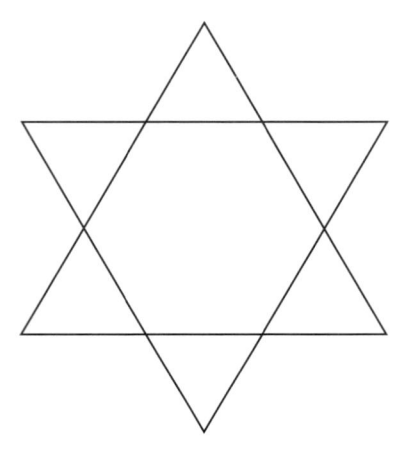

Evidentemente não há nada de negativo acerca desse simbolismo em torno do número "seis" que se prestaria ao caráter infernal de "666". Mas, se levarmos em consideração o que é provável acontecer quando fogo e água se juntam (quando nos concentramos no conflito que provavelmente será gerado), então este número pode, de fato, tornar-se negativo. Também penso no número seis como uma imagem da *coniunctio* sob a égide do número "três", que é o arrimo do ego (Edinger, 1972, cap. 7). O ego como "portador de luz" associa-se, naturalmente, à ambiguidade de "Lúcifer". No entanto, outra forma de explicar a nuança negativa pode ser encontrada na tradicional forma de pensar da quaternidade. Na primeira série de números (1, 2, 3, 4), dois é considerado "demoníaco". Isto é devido ao fato de que este número cria a noção do "outro", que tem um componente sinistro. Podemos observar este simbolismo, de resto, obscuro, em nossas palavras "duplicidade", "equívoco" e até mesmo "dúvida" – todos eles são cognatos com uma questionável "dualidade". E algo semelhante pode ser dito do número seis na segunda série de quaternidade (5, 6, 7, 8). Ele ocupa a mesma posição relativa que o número dois e até mesmo alude ao segundo triângulo em "conflito" com o primeiro. Estas reflexões podem parecer demasiado especulativas para o leitor – que é livre para dispensar sua lógica simbólica; ainda assim, este é o tipo de pensamento que a imagem induz quando se tenta compreender por que o número seis é tão "diabólico" no Livro do Apocalipse.

Figura 6.7

Por fim, ofereço uma experiência pessoal. Quando eu estava trabalhando em meu livro *Ego e arquétipo*, eu tinha sobre minha escrivaninha uma imagem de um hexágono que fazia parte de um sonho que eu estava interpretando. Certo dia, quando minha filha de oito anos de idade apareceu e a viu, estremeceu. O hexágono com dois retângulos recortados como janelas perto do topo parecia algo como uma máscara primitiva: sem dúvida, sugeri, uma máscara de seis lados da "divindade obscura". Esta é outra alusão ao aspecto sinistro do número seis (cf. fig. 6.7; Edinger, 1972, cap. 7).

7 Apocalipse: capítulos 14, 15 e 16

7.1 Primícias

Bem no começo do capítulo 14, lemos:

> Tive ainda uma visão: o Cordeiro estava de pé sobre o Monte Sião, e com ele cento e quarenta e quatro mil que traziam escrito na fronte o nome dele e o nome do seu Pai. Ouvi uma voz do céu, semelhante ao som de águas torrenciais e de um forte trovão. A voz que ouvi parecia a de citaristas tocando as cítaras. Eles cantavam um cântico novo diante do trono, dos quatro seres vivos e dos anciãos. Ninguém podia aprender o canto, senão os cento e quarenta e quatro mil que foram resgatados da terra. Estes são os que não se contaminaram com mulheres, mas são virgens. Eles seguem o Cordeiro, aonde quer que ele vá. Foram resgatados do meio da humanidade, como primícias para Deus e para o Cordeiro (Ap 14,1-4).

Quero concentrar-me aqui na imagem das "primícias" tal como ela aparece em associação com "cento e quarenta e quatro mil" pessoas. Este enorme número pode ser considerado como a "apoteose" do número doze: é doze vezes mil ao quadrado, de modo que é o número doze elevado a níveis cada vez mais altos e, portanto, um número de "totalidade". De acordo com a Escritura, este é o total de mártires eleitos que foram sacrificados por seguirem o Cordeiro, que foi, ele próprio, sacrificado. Mas o assunto tem a ver com "primícias", um tema muito interessante no Antigo Testamento. Yahweh afirma explicitamente que as primícias de todas as colheitas (inclusive o primeiro fruto do ventre humano) lhe pertencem. Devem ser sacrificados a Deus. Caso alguém negligenciasse tal exigência – no caso em que alguém comesse as primícias ou retivesse um primeiro filho amado em vez de entregá-los a Yahweh para sua refeição – então estaria atraindo a desgraça sobre si. E isto está declarado explicitamente no segundo capítulo de Jeremias: "Israel era sagrado para o SENHOR, o primeiro fruto de sua colheita; todos que tentavam devorá-lo tornavam-se culpados, a desgraça caía sobre eles – oráculo do SENHOR" (Jr 2,3). Simbolicamente, a ideia é que as primícias são alimento de Deus; e se não lhe for dada voluntariamente sua refeição, então ele a toma pela violência.

Mas na história primitiva de Israel, no período do Êxodo, os egípcios suportaram o peso deste fenômeno. Seus primogênitos foram mortos como "primícias", diz a Bíblia. Dado que eles não haviam feito um sacrifício voluntariamente, o que era exigido foi tomado involuntariamente. O padrão até mesmo se repete no nível divino, porque o "primeiro fruto" de Yahweh é seu filho "unigênito", Jesus Cristo; e, mesmo assim, ele é sacrificado ao Pai. Não posso dizer exatamente por que isso deveria ser assim, mas a exigência pervaga muitos níveis da psique. E realmente parece ser verdade que, na experiência humana, mui comumente o "primogênito" em uma família tem uma psicologia diferente daquela dos irmãos posteriores, como acontece com um filho único em relação a outras crianças. Parece haver um relacionamento diferente com a dimensão transpessoal do inconsciente, um relacionamento que é mais problemático. Qualquer que seja o significado ou propósito, este padrão parece ser um fato arquetípico.

7.2 O Evangelho eterno

Em seguida, lemos em nosso Apocalipse:

> Vi então outro anjo que voava pelo meio do céu, tendo um evangelho eterno para anunciar aos habitantes da terra, a toda nação, tribo, língua e povo. Ele dizia em voz alta: "Temei a Deus e dai-lhe glória, porque chegou a hora do seu julgamento. Adorai aquele que fez o céu e a terra, o mar e as fontes das águas" (Ap 14,6-7).

Aqui, a imagem importante é o assim chamado "Evangelho Eterno", a respeito do qual Jung comenta em *Resposta a Jó* conforme segue: "O primeiro deles [anjo] proclama um "evangelho eterno", cuja súmula consiste nas palavras: "Temei a Deus!" Já não se fala mais no amor a Deus. Só se teme o que é temível" (OC 11/4, § 719).

Em seguida, Jung escreve com mais detalhes sobre o tema:

> Quem ousaria afirmar que João não previu corretamente pelo menos as possibilidades que pairam ameaçadoramente sobre o nosso mundo, no período final do eon cristão? Ele sabe também que no fogo, no qual o diabo é atormentado, existe para sempre o pleroma divino. Deus tem dois aspectos terríveis: de um lado, um mar de graça que se choca com o lago de fogo ardente e, de outro, a luz do amor que brilha por sobre um abismo tenebroso de calor, e a respeito do qual se lê: *"ardet non lucet"* – queima,

mas não ilumina. Tal é o evangelho eterno, em oposição
ao evangelho temporal: *Deus pode ser amado e deve ser
temido* (OC 11/4, § 733 [grifo de Jung]).

Entendidos psicologicamente, tais comentários se referem
ao fato de que a proximidade do si-mesmo é acompanhada por
ansiedade. Recorde-se a resposta de João à divindade no começo
de sua Visão, no capítulo 1: "Ao vê-lo, caí como morto aos seus
pés" (Ap 1,17). Este estado de total inconsciência é uma característica uniforme na Bíblia quando indivíduos encontram um
anjo ou a manifestação do Senhor; portanto, a primeiríssima
coisa que o anjo deve dizer é: "Não tenhas medo!" É muito
importante compreender esta dimensão transpessoal da ansiedade. A experiência de ansiedade não é tratada adequadamente
de maneira personalista – pelo menos não para adultos – para
quem a ansiedade frequentemente indica proximidade ao si-
-mesmo. Sem dúvida, toda experiência de ansiedade grave é
um tipo de "Apocalipse" em miniatura. No começo deste livro,
declarei o que considero o significado psicológico essencial do
Apocalipse: a tomada de consciência do si-mesmo – a ansiedade
é um prenúncio desse fenômeno. *"Deus pode ser amado e deve
ser temido"*.

7.3 Tormento eterno

Isto, pois, traz à tona o tema do "tormento eterno", tal como
o encontramos expresso no Apocalipse (cf. fig. 7.1):

> E mais um terceiro anjo os seguiu, dizendo com voz forte:
> "Se alguém adorar a besta e sua imagem e receber sua
> marca na fronte ou na mão, beberá também o vinho do
> furor de Deus, preparado sem mistura na taça de sua ira.
> Será atormentado com fogo e enxofre diante dos santos

anjos e diante do Cordeiro. A fumaça de seu tormento sobe pelos séculos dos séculos. Aqueles que adoram a besta e sua imagem, e quem receber a marca de seu nome não terão descanso dia e noite" (Ap 14,9-11).

Penso que podemos afirmar, em termos simples, que o "tormento eterno pelo fogo" se refere ao fato de alguém que está totalmente identificado com a psique primordial. Quando o si-mesmo é ativado em um indivíduo que está identificado com a "besta" (com a psique primordial em sua combinação "Leviatã-Beemot"), então a pessoa será "atormentada" por desejos compulsivos de prazer e de poder. Prazer (anseios famintos, invejas, ódios, tudo o que pertence à gratificação prazerosa) e poder (ter de ser superior, gratificações de poder de toda espécie) são, de fato, os dois grandes princípios bestiais. Eles são aquilo a que os textos alquímicos se referem como o "enxofre bruto" – em oposição ao verdadeiro Enxofre.

Novamente Jung é quem nos fornece a descrição clássica do assunto em *Mysterium Coniunctionis*, uma passagem digna de ser lida e refletida uma e outra vez, porque é cheia de sentido. No parágrafo, Jung está falando de uma alegoria alquímica como se estivesse interpretando um sonho. E dado que é um sonho que qualquer um de nós poderia ter, o comentário aplica-se a todos nós. Tendo conectado a referência do "enxofre bruto" com o ato de desejar, ele escreve:

> Também tu estás atacado dessa doença coletiva. Portanto faze o favor de refletir [...] sobre o que se acha oculto por trás dessa concupiscência. Trata-se de um "padecer fome do infinito", como vês, de um não estar satisfeito com o que há de melhor, pois isso equivale ao "Hades", em honra do qual toda a concupiscência "celebra um descanso festivo". Quanto mais te apegares àquilo que todo o mundo deseja

ter, tanto mais estás sendo um homem qualquer, que, em todo o caso, anda tropeçando pelo mundo à maneira de um cego e, na qualidade de guia de paralíticos, pisa em falso, ostentando a segurança de um sonâmbulo, no que és acompanhado por todos os paralíticos. Um "homem qualquer" sempre quer dizer muita gente. Purifica teu interesse de qualquer enxofre coletivo, que adere a todos como uma lepra. O desejo arde apenas para arder até o fim, e é neste fogo e deste fogo que se forma o verdadeiro espírito vital, o qual produz uma vida segundo suas leis [...] Isto significa queimar-se em seu próprio fogo e por isso não pretender passar porventura como sendo um cometa ou um farol em marcha, que indica aos outros o caminho "certo", enquanto ele próprio o desconhece (OC 14/1, § 186).

Figura 7.1

Irmãos Limbourg. *Inferno*. De *As riquíssimas horas do Duque de Berry*. 1413-1416. Iluminura. Museu Condé, Chantilly, França.

Jung diz mais, mas assim é que se deveria compreender psicologicamente o fogo atormentador no Apocalipse. É o fogo da *calcinatio* [calcinação], com todo o simbolismo que esse tipo de operação implica.

Entretanto, a questão permanece: por que o "fogo" deve ser identificado com a psique primordial eterna? Uma vez que isto não soa muito auspicioso para a transformação, deve ser compreendido no contexto da natureza geral das Escrituras cristãs, a saber, como documentos da *separatio*. Conforme veremos, o Apocalipse termina efetivamente com a imagem da totalidade – a "Nova Jerusalém" como a cidade mandala – mas o conteúdo do livro envolve principalmente uma "separação" decisiva, radical entre céu e terra, todas as coisas superiores e inferiores, entre espírito e matéria ou natureza. Este é um traço crucial do mito cristão à medida que evolui e cria a civilização ocidental a partir de si mesmo, e é uma característica terminante da psique ocidental como um todo. Todos nós somos divididos. E dentro do mito, tudo o que poderia ser visualizado para um fim da história cósmica era uma divisão permanente, eterna. Embora Orígenes, no século III, ainda pudesse considerar a possibilidade da redenção do diabo, a ideia não podia ser tolerada no cristianismo – e Orígenes foi estigmatizado como herege. O Livro do Apocalipse pertence ao que estamos chamando de velho *éon* como um documento de *separatio*. É uma situação, porém, que se deve à mudança no novo *éon*. O "éon psicológico" vindouro visa à união do que foi separado.

7.4 Colheita

Tratemos agora do tema da "colheita" conforme se encontra na seguinte longa passagem apocalíptica:

> Olhei e vi uma nuvem branca. Sobre a nuvem estava sentado alguém semelhante a um filho de homem. Tinha uma coroa de ouro na cabeça e uma foice afiada na mão. Saiu então do templo outro anjo que gritou com voz forte para aquele que estava sentado na nuvem: "Mete tua foice e corta, porque chegou a hora da colheita. Está madura a colheita da terra". Aquele que estava sentado na nuvem atirou a foice sobre a terra, e a terra foi ceifada. Outro anjo saiu do templo que está no céu, e também ele tinha uma foice afiada. E saiu do altar outro anjo que tinha poder sobre o fogo e gritou com voz forte para aquele que tinha a foice afiada: "Mete a foice afiada e colhe os cachos da vinha da terra, porque as uvas estão maduras". O anjo atirou a foice sobre a terra e colheu as uvas da vinha da terra, lançando-as depois no grande lagar do furor de Deus. E o lagar foi pisado fora da cidade, e dele saiu sangue até atingir os freios dos cavalos, numa extensão de trezentos quilômetros (Ap 14,14-20).

Que imagem terrível! (cf. a foice na mão de Deus, fig. 6.4). Mesmo que não elucide explicitamente, a ideia subjacente aqui é que a humanidade é um amplo "processo agrícola" para Deus ceifar seu próprio alimento e bebida. A ideia emerge alhures; aparece, por exemplo, no sétimo capítulo do texto apócrifo do Antigo Testamento, no Primeiro Livro de Enoque. Ali, Enoque está a descrever o que estava acontecendo imediatamente antes do dilúvio de Noé, quando anjos ou seres celestiais desceram do céu e casaram-se com as filhas dos homens. Eis o que ele diz:

> E todos os outros, juntamente com eles, tomaram para si esposas, e cada um escolheu uma para si, e eles começaram a ter relações sexuais com elas e a manchar-se com elas, e ensinaram-lhes sortilégios e feitiços, e o corte de raízes, familiarizando-as com plantas. E elas engravidaram e deram à luz gigantes, cuja estatura era de trezentos cúbitos,

os quais consumiam todas as aquisições dos homens. E quando os homens já não podiam sustentá-los, os gigantes voltaram-se contra eles e devoraram a humanidade (7,1-4) (Charles, 1969, vol.2, p. 192).

Jung comenta esta passagem em *Resposta a Jó* e diz que os "gigantes" estão a indicar "uma inflação da consciência cultural naquele período", pouco antes do dilúvio mitológico (Jung, 1977, OC 11/4, § 669). E eu publiquei um sonho com o mesmo tema em *A criação da consciência*, o qual resumirei aqui. Contudo, seja-me permitido primeiramente observar que desejo demonstrar decididamente por meio deste significativo sonho apocalíptico que o assunto do qual estamos tratando em todo este livro não é uma série de ideias abstratas e imagens meramente interessantes, mas uma realidade psíquica viva, que pertence ao aqui e agora:

Estou a caminhar pelo que parece ser Palisades, abarcando com a vista toda a cidade de Nova York [...] A cidade de Nova York está em escombros – o mundo, de fato, tal como o conhecemos, foi destruído. Toda a cidade de Nova York é um monte de entulho, há incêndios por toda parte, milhares de pessoas estão correndo freneticamente em todas as direções, o Rio Hudson transbordou em muitas áreas da cidade, a fumaça subia ondulando em todo lugar. Tanto quanto posso ver, o chão foi nivelado. Era o crepúsculo; bolas de fogo estão no céu, vindo em direção à terra. Era o fim do mundo, destruição total de tudo o que o homem e sua civilização haviam construído.

A causa desta grande destruição foi uma raça de enormes gigantes – gigantes que tinham vindo do espaço sideral – dos mais distantes rincões do universo. No meio dos escombros, pude ver dois deles sentados; displicentemente, estavam cavoucando pessoas a punhados e comendo-as. Tudo isso era feito com a mesma tranquilidade que temos quando nos sentamos à mesa e comemos uvas com as mãos cheias [...] Os gigantes aterrissaram em discos voadores (as bolas de fogo eram outras aterrissagens). Na verdade, a terra, tal como a conhecemos, foi concebida por esta raça de gigantes no começo dos tempos. Eles cultivaram nossa civilização, assim como cultivamos hortaliça em uma estufa. A terra era a estufa deles, por assim dizer, e agora eles voltaram para colher os frutos que haviam semeado... (Edinger, 1984, p. 28; von Franz, 1980, p. 112).

Este sonho moderno e os textos do Primeiro Livro de Enoque e do Livro do Apocalipse apresentam imagens que são exatamente paralelas – porque o significado é tão aplicável hoje quanto o era no passado remoto.

O que significa ser "comido por gigantes"? Significa sucumbir à inflação, uma doença psicológica que é endêmica em nosso tempo. Em uma passagem interessante no evangelho gnóstico de Tomé, Jesus diz: "Bem-aventurado o leão que se torna homem quando comido pelo homem; e maldito o homem a quem o leão come, e o leão torna-se homem" (*Evangelho de Tomé*, Logion 7).

Aqui estão afirmadas duas possibilidades: a primeira é que o homem come o leão, e o leão torna-se homem; a segunda é que o leão come o homem, e o homem é assimilado à matéria do leão – e abençoado é um, e outro amaldiçoado. Este é precisamente o problema psicológico para a consciência quando o inconsciente coletivo é ativado ou até mesmo quando vive através de nós inconscientemente. À medida que o ego é devorado por um dos "gigantes" ou "leões" arquetípicos, o ser humano torna-se inumano; e isso é um desastre. Por outro lado, conforme a experiência do inconsciente coletivo pode ser *assimilada* e compreendida pela consciência, então os arquétipos são humanizados. Este é o problema por trás da imagem da "colheita" no Apocalipse. E é o problema fundamental que atravessa todos os níveis da existência: quem come quem? É absolutamente elementar para todo o processo da vida e aplica-se não apenas ao mundo físico, mas igualmente à existência psicológica.

7.5 Sete taças de ouro de pragas

Voltamo-nos agora para os capítulos 15 e 16, onde tomamos conhecimento das "sete taças de pragas":

> Depois vi abrir-se o templo da tenda do testemunho que está no céu. Saíram do templo os sete anjos que tinham as sete pragas, vestidos de linho puro, brilhante, e cingidos à altura do peito com cintos de ouro. Um dos quatro seres vivos deu aos sete anjos sete taças de ouro, cheias do furor de Deus, que vive pelos séculos dos séculos. E o templo encheu-se de fumaça por causa da glória de Deus e de seu poder. Ninguém podia entrar no templo enquanto não se tivessem consumado as sete pragas dos sete anjos. Depois ouvi uma voz forte que saía do templo e dizia aos sete anjos: "Ide e derramai sobre a terra as sete taças do furor de Deus" (Ap 15,5–16,1).

Em seguida, uma após a outra, as sete taças das pragas (cf. fig. 7.2) e do furor divinos foram esvaziadas sobre a terra. É bastante notável que tais conteúdos repulsivos devessem estar contidos em "taças de ouro". Em um capítulo posterior do Apocalipse, um cálice de ouro aparece na mão da prostituta que cavalga a besta – outro contraste impressionante entre a característica do "ouro" precioso e o conteúdo dos recipientes.

No que tange à psicologia empírica uma "taça de ouro" representa o si-mesmo em seu aspecto contentor, com o "ouro", em particular, representando valor supremo. E tal simbolismo era explícito na alquimia. Destarte, uma "praga" devastadora, levada em uma "taça de ouro", é uma combinação paradoxal de opostos.

FIGURA 7.2

Dragões vomitando sapos. Século XV. Miniatura do *Liber Floridus*. Museu Condé, Chantilly, França.

Se nos separarmos do horror que esta imagem evoca emocionalmente – e olharmos para ela, momentaneamente, de maneira objetiva e clínica –, observamos novamente que o céu está sendo limpo de uma porção de coisas desagradáveis, que são, logo após, entregues à terra para que lide com elas. Psicologicamente, esta é uma imagem de conteúdos muito negativos no inconsciente coletivo ("céu") sendo derramados no ego ("terra"): e isso indica que tem havido um acúmulo de conteúdos desagradáveis no inconsciente, o que levou finalmente a um "transbordamento". Penso que é frequentemente importante considerar questões psicológicas desta maneira – como se fossem quase mecânicas – a fim de complementar a tendência de projetar "propósito punitivo" no inconsciente, algo que é feito frequentemente no Livro do Apocalipse. Ordinariamente, porém, o inconsciente não tem um propósito punitivo; em vez disso, o inconsciente tende a reagir ao ego da maneira que o ego reage a ele. E se o inconsciente é usado como um "depositário" de tudo o que é desagradável do ponto de vista do ego – como é tão comum ocorrer –, então, cedo ou tarde, aquele depositário transbordará! Se pensarmos desta forma mecânica (no modo como pensamos a lei da gravidade, por exemplo, mesmo que isto não seja toda a história), corrigimos nossa tendência de interpretar em termos excessivamente punitivos.

Segue-se, pois, que um "transbordamento" psicológico pode surgir depois de uma prolongada e profunda negligência do inconsciente, a qual permitiu o acúmulo de libido problemática de que o ego se livrou mediante repressão. Na mitologia judaico-cristã, esta mesma dinâmica é colocada especialmente como a negligência das ordens de Deus, como falha em prestar-lhe a devida atenção – pelo que se é punido em seguida. Mas eu gostaria de dizer que a falha é pior do que um "pecado": é um engano, um engano psicológico. Expressá-lo nestes termos tem a vantagem de sermos mais objetivos; e não desmoralizamos ninguém com um sentimento de culpa. Para nós, já é bastante duro aceitar os erros que cometemos, especialmente os grandes; assim, é útil uma maneira mais consciente de exprimir o assunto.

No que concerne à imagem das "pragas" que descem do céu, chamou-me a atenção um sonho moderno:

> Encontro-me logo acima de uma densa cobertura de nuvens, tal como alguém em um avião [...] O céu, o ar, acima das nuvens, são claros e azuis. A princípio, é como um filme, mas eu estou realmente presente, como em uma apresentação teatral. Mas é ao ar livre, não em um teatro. Diretamente em frente a mim, a meia distância, está a cúpula do Capitólio, em Washington, Distrito de Colúmbia. Inicialmente, penso que a coisa é real; em seguida, pergunto-me se não é uma maquete de palco. Está iluminado, delineado por pequenas luzes, como as luzinhas do Natal [...] No espaço entre mim e a cúpula do Capitólio, aparece uma figura (um ator?) vestida como um anjo. Ela diz: "Cortei minha mão". E uma torrente de sangue é direcionada para a terra – sangue infectado com Aids. (Imediatamente ao acordar, penso no Prólogo no céu, em Jó, e, em seguida, também no Fausto. Eu sei que, seja no sonho, seja no despertar, isso significa algum tipo de praga).

Como o leitor deve saber, alguns ministros cristãos fundamentalistas estão oferecendo uma interpretação mitológica da moderna praga da Aids. De acordo com eles, a epidemia é provocada pela "ira" de Deus contra o inadequado comportamento sexual pecaminoso. Mas se aplicarmos meu princípio – "é mais do que um pecado, é uma falha" –, surge a questão a respeito da Aids e da reação a este sonho: qual é a falha psicológica que causa a Aids?

Há profundo simbolismo envolvido na fenomenologia do vírus da Aids. E sugiro que a falha que causa a Aids – falando no nível simbólico – é um fracasso em "preservar os limites" da própria identidade individual. A Aids apareceu primeiramente nos que são chamados eufemisticamente de homossexuais masculinos "sexualmente ativos". Alguns destes indivíduos são quase inacreditavelmente promíscuos: meus próprios pacientes contaram-me a respeito de várias experiências de sexo casual com pessoas absolutamente estranhas, noite após noite, permitindo que pessoas desconhecidas entrassem em suas casas, em seus corpos e em suas psiques – sem nenhum senso de fronteira individual. Agir assim é algo extremamente perigoso, já no simples aspecto físico: é um convite ao roubo e até mesmo ao assassinato. Psicologicamente é outrossim perigoso. Contudo, tais indivíduos sentem-se tão profundamente vazios dentro de si mesmos, que emerge a compulsão de serem preenchidos com algum tipo de contato íntimo. No entanto, as compulsões não resolvem; elas são comportamentos inconscientes e simplesmente se repetem. A promiscuidade sexual é o tipo de comportamento que revela uma falha grave nas "fronteiras" da identidade pessoal. Tais fronteiras estão ausentes ou são porosas, e as portas psicológicas ficam escancaradas.

Considere-se, agora, o simbolismo do vírus da Aids. O vírus ataca e destrói especificamente o sistema imunológico; este é seu alvo. E o sistema imunológico é o agente fisiológico que protege a integridade individual do organismo. Sempre que uma substância entra na corrente sanguínea, é o sistema imunológico que pergunta: "Isto sou eu ou não sou eu? Pertence à identidade deste organismo ou é estranho?" Se a substância for estranha, o sistema imunológico destrói-a; se não, a substância é aceita. O vírus da Aids, porém, ataca este agente protetor insinuando-se em suas células e levando-as a produzir mais do vírus – destruindo as células do sistema imunológico a partir de dentro. Penso que está claro que o efeito fisiológico do vírus é uma imagem da falha psicológica que abriu a porta ao vírus em primeiro lugar.

Aqui está outro sonho com referência à Aids – juntamente com a imagem apocalíptica – que Hill traz em *Dreaming the End of the World*:

> Estou visitando o amigo de um homem homossexual, que eu conheço, em um hospital de Florença, na Itália. Ele é um padre católico que está morrendo de Aids. Meu amigo diz-me, antes de me encontrar com o padre, que o nariz e a boca deste estão putrefatos, de modo que eu não tome um choque quando o vir. Asseguro-lhe que tais coisas não me perturbam, visto que sou enfermeiro – mas, interiormente, estou inseguro.
>
> Eu conto ao padre um sonho com desastre ecológico; e enquanto narro o sonho, olho pela janela para Florença e vejo a catedral, no centro, desmoronar, e a própria cidade despedaçando-se em pequenas ilhas e tufos de árvores que se dispersam com o vento sobre a água. Subo uma escarpa rochosa e ali encontro refúgio. Meus primos também encontraram um terreno mais elevado nas proximidades (Hill, 1994, p. 82).

Sabemos apenas que o sonhador é um autodenominado "católico afastado", um fato pessoal que é imensamente importante para a imagem de uma "catedral, no centro, a desmoronar". E é importante, quando se investigam sonhos, trabalhar a própria trajetória descendente, começando com a referência pessoal e, em seguida, descer para o coletivo ou arquetípico. Entretanto, Jung oferece-nos vários exemplos de sonhos em que "igrejas estão em ruínas", significando que aqui estamos lidando não apenas com um desastre pessoal, mas com um desastre coletivo: a demolição do contentor convencional, tradicional, religioso ou mitológico de nossa cultura[38]. Não somente o padre que está apodrecendo com a Aids (espelhado pela igreja que está desmoronando) aponta para o apocalipse, mas também a imagem onírica do "desastre ecológico".

Pode parecer periférica, mas a questão da Aids faz parte do simbolismo do transplante de órgãos na medicina moderna. Pessoalmente sou contra os transplantes de órgãos – mas também o sistema imunológico é contra eles. O sistema imunológico não aceitará transplantes de órgãos, e deve ser eliminado para conservar o transplante intacto. Fico do lado do sistema imunológico porque ele está conectado ao inconsciente.

7.6 Sapos

O Livro do Apocalipse oferece-nos em seguida a imagem dos "sapos". Eles aparecem no capítulo 16, onde as "taças do furor de Deus" estão sendo derramadas sobre a terra (cf. fig. 7.2):

> O sexto anjo derramou sua taça sobre o grande Rio Eufrates. A água do rio secou, abrindo assim um caminho para os reis do Oriente. Vi sair da boca do dragão, da boca da besta e da boca do falso profeta três espíritos

---

38. Confira o sonho da infância de Jung: "Vi diante de mim a catedral, o céu azul. Deus está sentado em seu trono áureo, muito acima do mundo – e de debaixo do trono cai um enorme excremento sobre o cintilante teto novo, destrói-o e despedaça os muros da catedral" (Jung, 1963, p. 36s.).

> impuros, semelhantes a sapos. São espíritos de demônios que fazem milagres e se dirigem aos reis de toda a terra, a fim de reuni-los para a batalha do grande dia do Deus todo-poderoso (Ap 16,12-14).

Não é raro deparar-se com referências a sapos no trabalho analítico. E até mesmo Nietzsche era obcecado pela ideia de que deveria, de algum modo, "engolir um sapo" – na medida em que estava perturbadoramente impregnado de um sonho. Jung comenta a respeito de tal obsessão nos seminários sobre *Zaratustra* da seguinte maneira: "É a expressão da repugnância da vida, ou do homem inferior" – "o homem inferior que vive no pântano ou no lodo"[39]. Indubitavelmente este era o problema de Nietzsche; ele estava tentando viver acima de sua inferioridade, de sua sombra. Mas rãs e sapos, observa Jung, são também "a primeira tentativa da natureza voltada a fazer algo como um homem [...] portanto, eles são símbolo da transformação humana". E revelam qualidades transformadoras, metamorfoseando-se de girinos nascidos na água em anfíbios adultos. Pensamos no conto de fadas do "Príncipe Sapo", que é um conto de transformação: o que começou como um humilde sapo – quando foi aceito – tornou-se um príncipe.

Nossa imagem no Livro do Apocalipse, porém, é o oposto da obsessão de Nietzsche. Em vez de serem engolidos, os sapos estão sendo regurgitados: a direção é invertida, bem como o é o relacionamento com aquele humilde animal. A este respeito, Hill registra um sonho apocalíptico muito interessante:

> Estou no deserto perto de Alamogordo, Novo México [onde foram feitos os primeiros testes atômicos]. Ao abrir a porta de uma pequena casa desmantelada, com teto de

---

39. Jung, *Nietzsche's "Zarathustra"*, p. 255s.

zinco, vejo meu pai. Seu rosto é radiante, suave de pura e doce benevolência, e transmite um equilíbrio diferente da ébria dissipação de quando ele, na verdade, estava vivo. Ele diz-me "está na hora" e direciona-me para a porta. Estou confuso e agitado – sem saber por que estou agitado. Subo à minha bicicleta enferrujada e desço rapidamente um suave declive até o deserto abaixo. Todo o horizonte é visível e, sob os céus que se escurecem, as luzes da cidade piscam. O ar está carregado, como se um relâmpago fulminasse em breve. Compreendi que a Bomba está prestes a cair, e corro, extático, em direção ao Marco Zero, de modo que possa conhecê-la plenamente. Em minha vida desperta, jamais senti tamanho êxtase.

No "Marco Zero", há trovão sem raios. Em vez da Bomba, uma estranha criatura parecida com um sapo cai do céu – flutuando tão devagar quanto uma pena, usando como asas seus enormes pés com membrana interdigital. Tem um metro e meio de altura.

Assim que aterrissa, é atacado pelas pessoas do lugar. Espancam-no impiedosamente. Intervenho bem quando eles estão prestes a encharcá-lo com gasolina e atear-lhe fogo. Sento-me com ele e leio-lhe um livro infantil, tentando ensinar-lhe inglês. Ele é muito sábio, mas a maior parte de sua sabedoria parece estar em sua capacidade de brincar. Ele arremessa-se para dentro e para fora de buracos de coelho. Sinto-me frustrado, embora saiba que, de algum modo, a especialidade de sua inteligência está ligada à sua ludicidade – como a de uma criança (Hill, 1994, p. 120).

Este é um sonho notável, com muito significado. Embora não tenhamos informação pessoal sobre o sonhador, podemos observar que o ego do sonho tem uma atitude muito diferente da que é descrita em relação ao "sapo" no Apocalipse. Na verdade, a atitude cristã também está presente no sonho – as pessoas do lugar tentam exterminar o animal com fogo – evidência de um conflito emocional acontecendo dentro do sonhador a respeito desta questão. Mas o ego do sonho simplesmente faz a coisa certa e descobre que, aceitando este viscoso animal associado ao pântano, à praga e aos espíritos demoníacos (descobre ao percorrer o caminho da individuação), a "criatura parecida com um sapo" é portadora de sabedoria.

8 Apocalipse: capítulos 17 e 18

8.1 A prostituta da Babilônia

No começo do capítulo 17 do Livro do Apocalipse lemos:

> Então um dos sete anjos que tinham as sete taças veio dizer-me: "Vem! Vou mostrar-te a condenação da grande prostituta, sentada à beira de muitas águas. Com ela se prostituíram os reis da terra, e os habitantes da terra se embriagaram com o vinho de sua prostituição". Levou-me então, em espírito, para o deserto. Vi uma mulher sentada sobre uma besta escarlate, cheia de nomes blasfemos, com sete cabeças e dez chifres. A mulher estava vestida de púrpura e escarlate, adornada de ouro, pedras preciosas e pérolas. Tinha na mão um cálice de ouro, cheio de abominações e imundícies da sua prostituição. Na fronte trazia escrito um nome enigmático: "Babilônia, a grande, a mãe das prostitutas e das abominações da terra" (Ap 17,1-5).

Que imagem desagradável! De saída, penso que podemos afirmar que temos aqui uma versão degradada de "Vênus". Esta é uma imagem pervertida dela e da antiga religião da natureza em geral (cf. fig. 8.1).

Figura 8.1

William Blake. *A prostituta da Babilônia*. Aquarela. Museu Britânico, Londres.

Para vermos Vênus descrita de maneira diferente, basta--nos ler o poeta e filósofo romano Lucrécio (morto no ano 55 a.C.), que lhe dedicou sua obra *Da natureza das coisas*, em um período em que Roma ainda não tinha caído em decadência, mas estava vivendo fora de sua religião saudável mais antiga. Lucrécio escreve acerca desta mãe divina de Eneias, que fundou Roma:

> Geradora dos Enéadas, prazer dos homens e dos deuses,
> Ó Vênus nutriz, sob sinais correntes do céu,
> Tu que o mar navegável, e que as terras fecundas,
> Povoas, porque através de ti toda raça dos animais
> É concebida e, nascida, contempla os raios do sol:
> De ti, ó deusa, de ti fogem os ventos, de ti as nuvens do céu,
> E do teu advento, para ti a terra engenhosa

> Oferece as agradáveis flores, para ti riem as planícies
> E o plácido céu com a difusa luz brilha.
> Pois, logo que a beleza primaveril do dia se iluminou
> E a brisa revelada do fecundo favônio floresce
> Primeiramente, as aves aéreas anunciam-te, ó deusa,
> E a tua chegada, abaladas em seus corações com tua força.
> Ali, os animais selvagens percorrem os férteis pastos
> E atravessam os rios impetuosos: deste modo, cada um, prisioneiro de tua beleza,
> Segue-te avidamente para onde tu continuas a induzi-lo.
> Por fim pelos mares e pelos montes, pelos rios impetuosos
> E pelas frondosas moradas das aves, e pelos campos verdejantes,
> Em todos inspirando no peito um agradável desejo,
> Tu fazes com que avidamente as gerações se propaguem por espécies [...] (Lucrécio, 1979, I, 1-20)[40].

Vênus, conforme vemos, já foi portadora de energias vitais sagradas; era o que ela significava para a antiga Roma saudável. Naturalmente, esta imagem deveras degenerou-se mais tarde, no período imperial.

O que a imagem no Apocalipse nos mostra, porém, é que tudo o que é "feminino" (terra, natureza, corporeidade, matéria) sofreu uma profunda depreciação com o começo de nosso *éon*. Isto não foi exclusivamente uma questão do cristianismo, pois o estoicismo e o platonismo fizeram a mesma coisa, ainda que um tanto mais sutilmente, e até mesmo deram início ao

---

40. Nota do editor: Utilizamos a tradução para o português de Saulo Santana Aguiar e Alcione Lucena de Albertim para a *Rónai: Revista de Estudos Clássicos e Tradutórios* (2019, 7(2), p. 29). Cf. tb. Edinger (1994a, p. 463), onde o poema é analisado.

processo. O gnosticismo helenístico e cristão era até mesmo pior a este respeito. Devo advertir o leitor – dado que vivemos em uma era diferente, com valores diferentes vindo à luz – que tudo o que acontece na psique acontece por uma razão suficiente. Em filosofia, há o "princípio da razão suficiente", que considero particularmente aplicável a fatos psicológicos, visto que é tão fácil para o ego assumir a atitude superficial de que determinados eventos psicológicos na psique coletiva foram apenas erros, e poderiam ter sido diferentes. Eles *não* poderiam ter sido diferentes – eles tinham de ser do jeito que foram, dada a natureza da realidade psíquica. É psicologicamente infantil, portanto, criticar alguns acontecimentos na psique coletiva como se soubéssemos melhor como algo deveria ter acontecido. O fato é que a "depreciação do feminino" é um dos modos pelo qual a psique ocidental se evolveu; e só podemos supor que era necessária para a exigida sequência de eventos.

Concordo com Jung em que o processo de individuação vasto, coletivo, que jaz por trás da história, exigiu, no começo de nossa era, a criação de um poderoso contrapolo "espiritual" à degradação "instintiva" e aos excessos que acompanhavam a decadência do mundo antigo. O que aconteceu historicamente foi uma grande operação de *sublimatio*, prescrita pela psique coletiva ou pelo inconsciente coletivo naquela época – um amplo movimento coletivo para ficar acima do nível da existência puramente concreto, particular, corporal, material. Este é o significado de *sublimatio*: ficar "acima" de tudo, ser capaz de "olhar para baixo" sobre alguma coisa. Verdadeiramente, se alguém está preso na agonia da matéria sofredora, não é pequena conquista obter um ponto de vista "espiritual" fora e acima dela. A respeito da dinâmica história, diz Jung: "Nós mal podemos imaginar o turbilhão de brutalidade e incontida libido que rugia pelas ruas da Roma imperial" (OC 5, § 104). E este estado de coisas real, concreto, obteve como reação a depreciação de tudo o que trazia o sinal simbólico do "feminino" – matéria, corporalidade e todos os elementos que nos acorrentam à carne sofredora.

8.2 O cálice de ouro

Anteriormente, quando estávamos falando acerca das pragas que foram derramadas das taças celestiais sobre a humanidade, adverti que essas taças eram douradas, apesar da natureza de seu conteúdo. E aqui, uma vez mais, temos o que é chamado de as "impurezas" da prostituta contidas em um "cálice áureo": um paradoxo, quando se levam em conta as muitas associações simbólicas positivas ao ouro que já observamos. Em minha opinião, tais paradoxos indicam a autenticidade básica de tais visões. Não há dúvida de que o material original foi combinado com uma porção de imagens do Antigo Testamento, as quais foram entrelaçadas com as visões. Entretanto, visões não trazem consigo notas de rodapé; são acontecimentos espontâneos. E, portanto, podemos supor que as referências escriturísticas foram acrescentadas subsequentemente à experiência. Conforme Jung enfatiza, a notável prova do conteúdo original é a imagem da "Mulher Sol-Lua", mas, então, também o são os paradoxos no Apocalipse. Só precisamos perguntar a nós mesmos: "Suponhamos que eu tenha um sonho com uma taça de ouro, ou fosse submetido à análise um sonho com uma taça de ouro, como eu o entenderia?" Qualquer que seja o contexto, quase sempre simbolizará o aspecto contentor do si-mesmo: o si-mesmo em seu modo contentor feminino.

Uma história fascinante está ligada a esta imagem da taça áurea da prostituta; é um exemplo maravilhoso de como a psique autônoma age através dos séculos, ampliando, desenvolvendo e transformando a si mesma à medida que prossegue. A alquimia captou esta imagem da "taça de ouro da Babilônia", mais especificamente na *Cantilena* de Ripley, que Jung analisa detalhada e extensamente em *Mysterium Coniunctionis* (Jung, 1977, OC 14/2). Em linhas gerais, a *Cantilena* é uma parábola alquímica acerca de um velho rei estéril que chama a si mesmo de o "Velho dos Dias". Ele queixa-se de sua situação estéril, sem vida, e busca o renascimento ou o rejuvenescimento mediante o retorno ao ventre de sua mãe; ele engatinha de volta ao ventre de sua mãe. À medida que vai, afirma: "Vou ser humilhado no Peito de minha Mãe, / dissolvido em minha Primeira Matéria, e ali descansarei (v. 12). A mãe – que agora está grávida desta nova fecundação – retira-se para sua câmara, conforme a parábola. E aqui está a estrofe importante, enquanto ela está na câmara, esperando acostumar-se à situação:

> Enquanto isso, ela comeu a carne dos pavões
> E bebeu o sangue dos leões verdes com aquela carne excelente
> Que Mercúrio, trazendo o dardo da paixão,
> Trouxe em um vaso babilônico de ouro (v. 17).

Assim, a rainha-mãe, que está no processo de dar novamente à luz o rei estéril, come o que Jung chama de sua "dieta de gravidez" – que consiste em carne de pavão e sangue de leão – que lhe é servida no áureo cálice da Babilônia, o mesmo cálice que é um traço tão saliente da prostituta no Apocalipse de João.

Este texto tem implicações bastante profundas porque anuncia (logo de saída, se bem prestarmos atenção) a morte e o renascimento da imagem de Deus. Estamos testemunhando aqui o prenúncio simbólico alquímico da tarefa de pessoas modernas para reconciliar os opostos fendidos que existem no Apocalipse – e na psique cristã – e *assimilar* conscientemente o que é chamado de "as impurezas de sua prostituição". Seja-me permitido repetir, por ser tão importante: este obscuro texto alquímico está predizendo simbolicamente a tarefa moderna de assimilação daqueles conteúdos que foram relegados às sombras e, portanto, foram considerados desprezíveis na disso-ciação cristã. Uma vez que o pavão é o pássaro da deusa Juno, Jung diz que "a alimentação da mãe-rainha consta de carne de pavão e sangue de leão, e assim dos atributos da deusa; isto é, ela come e bebe a si própria" (OC 14/2, § 82). Em seguida, ele continua para explicar:

> a mãe-rainha é alimentada e dessedentada com sua própria substância anímica, sem que se poupe sua respeitabilidade [...] o pavão e o leão com suas propriedades positivas e negativas – este último sob a forma de bebida na taça da prostituição, acentuando-se assim especialmente a nature-za erótica do leão, a libido e a *cupiditas* (libidinosidade e a concupiscência). Tal integração equivale à conscientização. Mas por que se devia prescrever à rainha em primeiro lugar tal dieta tão insípida? Muito certamente porque o rei pade-cia de alguma coisa e porque ele "estava envelhecendo": a saber faltava-lhe o aspecto sombrio e ctônico da natureza.

Mas não era só isto, também lhe faltava o relacionamento com a semelhança de Deus na criação, o senso da natureza, que se tinha na Antiguidade e que era conhecido da Idade Média primeiramente apenas como engano e desvio. A Terra, porém, não é apenas tenebrosa e abissal, e por isso os símbolos teriomórficos já mencionados têm não apenas um sentido redutivo, mas também um sentido anagógico e espiritual. Isso deve significar que esses símbolos são paradoxais e apontam tanto para cima como para baixo. Se tais conteúdos da rainha forem integrados, isso significará uma ampliação de sua natureza ou da sua consciência para os dois lados. Esta dieta, naturalmente, deve ser proveitosa à regeneração do rei; é, pois, o de que ele precisa porque isto lhe estava faltando. Isso não é, como deve ser acentuado, de modo algum apenas a escuridão da região animal, como poderia parecer, mas muito mais uma natureza espiritual, que até tem suas analogias com os *mysteria fidei* (mistérios da fé), assim como a alquimia, não se cansa de acentuar (OC 14/2, § 84-85).

Jung está descrevendo aqui um processo que agora envolve a psique coletiva. A psique coletiva está "comendo carne de pavão e bebendo sangue de leão" ou – em referência às imagens do Apocalipse – está comendo as "impurezas de sua prostituição". E algumas delas são bastante repugnantes, temos de admitir, quando testemunhamos o que está acontecendo na psique coletiva como um todo, à medida que o antigo sistema de valores se desmorona. Tudo o que foi excluído retorna apressadamente. As investidas da violência, da sexualidade bruta e do comportamento orgiástico selvagem, além de todo tipo de desorientação são sintomas do processo de assimilação de conteúdos que – apesar de tudo – estão no "cálice de ouro". Em outras palavras, o valor do si-mesmo está por trás deles: só podemos esperar que não sejamos destruídos antes de alcançá-lo.

8.3 A cidade perversa

O texto do Apocalipse afirma especificamente que a prostituta é "Babilônia, A Grande". Obviamente, pois, a prostituta associa-se à antiga cidade de Babilônia. Contudo, devido a algumas alusões (tais como as sete colinas de Roma) e em razão de o autor estar vivendo durante o período do Império Romano, muitos comentadores dão prioridade à associação da prostituta com a cidade de Roma. E há alguns que acreditam que ela se refere a uma Jerusalém apóstata. Quanto à solução mais óbvia, temos uma referência explícita no Livro de Jeremias, onde Babilônia havia acabado de derrotar Israel e a cidade de Jerusalém, e enviado cativos seus habitantes. Assim profetiza Jeremias:

> Assim diz o SENHOR: Eu levantarei contra a Babilônia e contra os habitantes de Leb-Camai um vento destruidor. Enviarei à Babilônia ventiladores para ventilá-la. Eles assolarão a sua terra, quando se insurgirem contra ela de todos os lados, no dia da desgraça. Que não relaxe quem maneja o arco! Não se vanglorie de sua couraça! Não poupeis os seus jovens, exterminai todo o seu exército!
>
> Os feridos cairão no país dos caldeus e os traspassados nas ruas. Porque Israel e Judá não são viúvas de seu Deus, o SENHOR Todo-poderoso, pois seu país está cheio de culpas contra o Santo de Israel. Fugi do meio da Babilônia, salve cada um a sua vida, não pereçais por seu crime, porque é o tempo da vingança para o SENHOR: ele mesmo lhe dará a paga!
>
> Babilônia era uma taça de ouro na mão do SENHOR, que embriagava a terra inteira; de seu vinho bebiam as nações, por isso se tornaram loucas (Jr 51,1-7).

Conforme o leitor pode observar, algumas destas mesmas frases estão incorporadas na visão de João; e não há dúvida de que a imagem do Novo Testamento evoca em primeiro lugar a Babilônia como um tipo de cidade perversa prototípica. Naturalmente, no tempo do Apocalipse, a Babilônia tinha sido destruída havia muito tempo e não exigia uma profecia de sua queda. No entanto, a imagem de "Babilônia" como a cidade perversa se sedimentara na psique judaico-cristã (cf. fig. 8.2).

A principal referência da cidade de Jerusalém como prostituta pode ser encontrada em Ezequiel:

> A palavra do SENHOR me foi dirigida nestes termos: "Filho de homem, faze Jerusalém conhecer suas abominações. Dirás: Assim diz o Senhor DEUS para Jerusalém: [...] Então eu passei junto de ti e vi que te revolvias no próprio sangue. E eu te disse, enquanto jazias em teu sangue: Vive! Eu te fiz crescer exuberante como uma planta silvestre. Tu cresceste e te desenvolveste, entrando na puberdade. Teus seios se formaram e os cabelos cresceram, mas estavas inteiramente nua. Passando junto de ti, percebi que tinhas chegado à idade do amor. Estendi o manto sobre ti para cobrir a nudez. Eu te fiz um juramento, estabelecendo uma aliança contigo – oráculo do Senhor DEUS – e passaste a ser minha [...] Mas puseste tua confiança na beleza e te prostituíste graças à tua fama. Tu te oferecias deslavadamente a qualquer um que passasse e lhe pertencias. Tomaste tuas vestes para fazeres lugares altos coloridos e ali te prostituíres, como jamais se fez nem se fará [...] Em meio a tantas abominações e prostituições não te lembraste dos dias de tua juventude quando, inteiramente nua, te revolvias no próprio sangue (Ez 16,1-3.6-8.15-16.22).

FIGURA 8.2

A destruição da Babilônia. De *O Apocalipse dos Claustros*, c. 1310-1320. Iluminura. Coleção dos Claustros. Museu Metropolitano de Arte, Nova York.

Baseando-se naquela imagem, alguns estudiosos pensam que a referência à cidade perversa no Livro do Apocalipse aplica-se a uma Jerusalém apóstata que matava os profetas que Yahweh lhe enviava – uma cidade, portanto, sujeita à ira de Deus.

No entanto, a opinião predominante acredita que o autor João tem em mente a cidade de Roma, fundamentando-se em motivos razoáveis segundo os quais Roma, de fato, perseguiu intermitentemente os cristãos de maneira cruel. E precisamente conforme testemunhamos com outras imagens no Apocalipse, houve também atribuições posteriores. Os primeiros protestantes identificaram a prostituta com a Igreja Católica. E, de maneira interessante, alguns fundamentalistas contemporâneos têm-na identificado com o movimento ecumênico entre denominações cristãs como uma violação traidora, idólatra da única verdadeira mensagem. Simbolicamente, é claro, a "prostituição" de que Jerusalém é acusada é a idolatria ou a falsa adoração em desafio à única verdade.

Psicologicamente, estamos lidando com o arquétipo da "Cidade Perversa". E, bem no fim do Apocalipse, seremos brindados com o arquétipo oposto de Jerusalém como a "Cidade Celestial" de Jerusalém. Uma imagem universal está envolvida, porém, e a cidade visível poderia muito bem ser – fenomenologicamente falando – a Cidade de Nova York. Lembro-me do fato de que, em sua descrição do declínio do Ocidente, Spengler fala do surgimento das megalópoles como sintoma de decadência; o arquétipo da Cidade Perversa, portanto, está sutilmente entrelaçado em suas especulações.

8.4 O arquétipo "cidade"

A fim de compreender mais profundamente o assunto, tomemos a imagem da "cidade" por si mesma, sem caracterizá-la. É realmente uma imagem arquetípica que pertence ao simbolismo da mandala. Jung trata o fato em *Psicologia e alquimia*, onde o tema da cidade aparece em uma série de sonhos que ele está analisando; ele cita um texto gnóstico que identifica a "cidade" com a Mônada metafísica ou "Único" que, como princípio primeiro, contém todas as coisas. O texto copta diz: "Esta é a cidade-mãe do Unigênito" (OC 12, § 138). Convenientemente, Jung ofereceu o equivalente grego, *metropolis*, de "Cidade-Mãe", a fim de ajudar-nos a ver que a "cidade" – como uma entidade contentora – é simbolicamente feminina; quando a cidade é perversa, sua personificação também será feminina. Algo semelhante pode-se dizer da "taça" que, como contentor, é simbolicamente feminino e aberto à personificação. Jung escreve:

> Considerada como metrópole, a mônada é feminino, seme-
> lhante ao padma (lótus), forma básica do mandala lamaica.
> [...] No Apocalipse encontramos o Cordeiro no centro da
> Jerusalém celeste. Em nosso texto diz-se igualmente que
> Setheus habita o santíssimo do Plerona, cidade de quatro
> portas (que se assemelha à cidade de Brahma sobre o Meru,
> a Montanha do Mundo) (OC 12, § 139).

Segue-se que a "cidade" – como imagem interior que aparece em sonhos – representa o si-mesmo como totalidade ordenada, estruturada. Os estudiosos informam-nos que uma das primeiras maneiras de fundar uma cidade era arar um sulco circular ao redor de toda a área a ser incluída e, em seguida, dividir o círculo em quatro partes iguais. A construção erguer-se-ia, em seguida, a partir deste projeto básico de mandala. A cidade é um *temenos* ou um "precinto sagrado".

Contudo, não nos esqueçamos de que a cidade é também uma entidade literalmente externa. É a sede da civilização conforme sabemos a partir do fato de que a palavra latina *civitas* é a raiz de ambas as palavras "cidade" e "civilização". E assim é porque a civilização vem somente da vida em cidades. Quando temos uma imagem tal como essa, podemos reconhecer como uma imagem do si-mesmo – não apenas em psicologia individual, mas vivendo, ele mesmo, também externamente –, então podemos observar o arquétipo em ação, por assim dizer, em outro meio. Naturalmente, hoje a unidade organizada da vida civil ou social já não é a cidade ou *polis*, como na Antiguidade. Agora, é o estado-nação. Destarte, devemos pensar no simbolismo da "cidade" no contexto do estado-nação como um todo. Mas isto significa que, como realidade concreta externa, a "cidade" do estado-nação é a imagem especular coletiva, política do si-mesmo. E isso é o que confere ao nacionalismo seu poder religioso. É também verdade que quando o arquétipo do si-mesmo é experimentado coletivamente como residente no estado-nação, esse estado apropriar-se-á da autoridade transpessoal que realmente pertence ao si-mesmo. Apenas uma pequena experiência de lidar com a burocracia governamental demonstrará esse fato.

Em grau muito menor, poderíamos dizer a mesma coisa a respeito da Igreja. Semelhantemente, ela é a personificação terrena, coletiva do si-mesmo. Nos tempos modernos, porém, a Igreja tem sido tão debilitada, que é menos perigosa do que o Estado, não dispondo de nenhum poder físico. Isso, naturalmente, nem sempre foi o caso, e em tempos anteriores, a Igreja, também, arrogou-se a autoridade transpessoal que deveras pertence ao si-mesmo.

Agostinho fez uso considerável da imagem da "cidade" no começo do século V. Em sua obra principal, *A Cidade de Deus*, falou de duas cidades: uma "cidade Terrena" e uma "cidade Celestial", a que ele também chamou de "cidade de Deus". A cidade Terrena foi pensada como sendo composta de indivíduos que viviam pelo amor a si mesmos – como no ensimesmamento ordinário; em contraposição, a "cidade de Deus" era constituída de indivíduos que vivem o amor de Deus. A primeira era tipificada por Babilônia, diz Agostinho, ao passo que a segunda era tipificada pela Jerusalém Celestial, cuja imagem encontramos no fim do Livro do Apocalipse. Ora, Agostinho não cometeu o erro crasso de identificar a cidade de Deus concretamente com a Igreja Cristã, como alguns teólogos subsequentemente sentiram-se tentados a fazer. Ele até mesmo afirmou que a afiliação à Igreja não garante necessariamente pertença à Cidade de Deus. Em outras palavras, a "cidade Celestial" de Agostinho não era uma entidade literal, mas uma imagem em um nível espiritual. Por conseguinte, isto nos permite compreender as mesmas imagens de *A Cidade de Deus* de maneira psicológica; ou seja, que a "cidade Terrena" é o *ego*, e a "Cidade de Deus" é o *si-mesmo*. Ambas são "cidades", e ambas são construídas segundo a mesma planta baixa; mas o ego é construído sobre a planta baixa do si-mesmo. Conforme Jung diz-nos explicitamente, o si-mesmo é uma prefiguração do ego (Agostinho, 1950).

Bem mais tarde do que Agostinho, o filósofo alemão Hegel também ficou atraído pela imagem arquetípica da "Cidade". Em sua majestosa visão do processo histórico, ele via o "Espírito do Mundo" agindo na história humana, tanto nos indivíduos quanto nas instituições; e, a partir de 1820, ele viu sua mais elevada manifestação ser a comunidade orgânica, culta do Estado-nação. Na visão de Hegel, isto era a encarnação terrena de Deus. Não era, como seus críticos ainda alegam, uma grosseira glorificação do Estado prussiano; mas a maneira pela qual Hegel se expressa, realmente o deixa aberto a tais críticas. Na verdade, ele foi uma figura extraordinária, fascinada pela imagem arquetípica da "Cidade" como o si-mesmo. E ele projetou essa imagem em uma sofisticada noção de comunidade ideal, de nação-estado: na qual direitos individuais e liberdade existiriam dentro da moldura de uma comunidade de consciência transpessoal que portaria propostas e valores suprapessoais objetivos (Hegel, 1953).

Menciono isso porque a psique coletiva, de fato, opera desta forma. O si-mesmo é projetado na própria comunidade nacional e é a base da identidade nacional e étnica. Esta psicologia, por exemplo, está por trás do conflito entre israelenses e palestinos por causa da cidade de Jerusalém – mas também entre o norte e o sul da Irlanda, entre os muçulmanos religiosos e os seculares. Manifestações coletivas exteriorizadas do si-mesmo inevitavelmente levam à constelação de opostos contidos no si-mesmo; e aqueles opostos geram conflito. O "conflito de opostos" latente na imagem de Deus, então, sobrevive no drama da história humana: grupos adversários entram em guerra. E os indivíduos envolvidos são peões indefesos das imagens arquetípicas que os possuem!

9　Apocalipse: capítulos 19 e 20

9.1 O juízo final

Estes capítulos trazem à nossa atenção uma grande imagem, a do "Juízo Final", a qual agora examinaremos mais detalhadamente. João escreve:

> Vi um trono grande e branco e quem nele estava sentado. O céu e a terra sumiram de sua presença e desapareceram para sempre. Vi os mortos, grandes e pequenos, de pé diante do trono. Foram abertos os livros e ainda outro livro, que é o livro da vida. Os mortos foram julgados segundo as suas obras, segundo as obras que estavam escritas nos livros (Ap 20,11-12).

Aqui, em forma visionária, temos um dogma central do credo cristão. Apareceu primeiramente como uma fórmula antecipada no assim chamado Credo dos Apóstolos do século IV, onde encontramos o conteúdo essencial do mito cristão. Apresentamos a versão padrão daquele enunciado do credo tal como se encontra no *Livro de Oração Comum* anglicano (1945):

> Creio em Deus Pai todo-poderoso, criador do céu e da terra; e em Jesus Cristo, seu único Filho, nosso Senhor, o qual foi concebido por obra do Espírito Santo, nasceu

da Virgem Maria, padeceu sob o poder de Pôncio Pilatos,
foi crucificado, morto e sepultado, desceu aos infernos,
ressuscitou ao terceiro dia, subiu ao céu, e está sentado à
mão direita de Deus Pai todo-poderoso donde há de vir
a julgar os vivos e os mortos. Creio no Espírito Santo,
na Santa Igreja Católica, na comunhão dos santos, na
remissão dos pecados, na ressurreição do corpo e na vida
eterna. Amém (Speight, s.d., p. 138s.).

A noção de um "Juízo Final" é não só parte integral do
Credo, mas uma imagem arquetípica imensamente importante
em todas as principais religiões. Usualmente, as religiões do
mundo adiam o acontecimento o máximo possível, pelo menos
até "a vida após a morte" – ao passo que o cristianismo o retarda
por tanto tempo quanto possível, projetando-o para dentro do
"fim do *éon*". Entretanto, o efeito da procrastinação é sempre
o mesmo: de poupar o indivíduo da experiência do "Juízo"
durante o tempo de sua própria vida[41]. Quando se observa tal
fenômeno de maneira tão consistente, pode-se ter certeza de
que há uma boa razão para isso – um julgamento final objetivo
é, sem dúvida, algo assustador de se contemplar. S.G.F. Brandon
escreveu um livro muito bom sobre este assunto, *The Judgment*

---

41. Nota do editor: Tecnicamente, o cristianismo alega que a pessoa é julga-
da por Deus 1) a cada momento, e colhe, durante o período de sua vida (embora de maneira imperscrutável), recompensas pelas boas ações e castigos
pelas más. Contudo, 2) na morte, acontece um julgamento mais definitivo à
medida que o corpo se deteriora no túmulo e a alma ou sobe ao céu ou desce
ao inferno (para alguns cristãos, é também possível um "estado intermediá-
rio" de purgatório). Conforme explica Agostinho, porém, este julgamento
na morte é meramente um "antegozo" 3) da justiça absoluta e eterna que
acontecera no Juízo Final após a ressurreição de todos os mortos no fim do
fundo (Elder, 1996, p. 135s.).

of the Dead [O julgamento dos mortos], no qual reúne grande parte do material significativo das religiões do mundo; mas como acontece com tantos bons livros em uma cultura como a nossa, este está esgotado (Brandon, 1967). Brandon apresenta dados do antigo Egito e da Mesopotâmia, da religião hebraica, da cultura greco-romana, do cristianismo, do islã, da religião persa, do hinduísmo, do budismo e das religiões da China e do Japão – apenas para dar uma ideia da difusa natureza arquetípica deste tema. No entanto, deverei limitar minhas referências à Bíblia, à cultura greco-romana e ao Egito, mas deveria ser óbvio que quando a imagem do "juízo" emerge na análise, há material disponível mais que suficiente para a ampliação.

A evidência é bastante clara de que um aspecto fenomenológico do si-mesmo *ativado* é a geração de uma experiência do ego de ser julgado: 1) a respeito de como está vivendo sua vida; 2) e em relação à atitude psicológica com a qual esse ego está vivendo. Estou expondo o assunto desta maneira dupla a fim de incluir não apenas as verdadeiras ações do ego, mas também os fatos psicológicos que estão por trás daquelas ações – todos nós sabemos, naturalmente, que ações exteriores nem sempre revelam a verdadeira psicologia de um indivíduo. Conforme eu disse, porém, a expectativa de ser julgado desses modos tem sido tão assustadora que, historicamente, a experiência tem sido arrojada para o mais distante possível. Contudo, é chegado o tempo de a psicologia do profundo compreender que esta grande imagem do "Juízo Final" é uma experiência psicológica disponível enquanto se está vivo e consciente. É a experiência de um encontro decisivo com o si-mesmo que exige especificamente uma completa assimilação da sombra.

Sabemos que esta é a condição, visto que a imagem do Juízo Final diz respeito consistentemente a questões da sombra.

Uma referência particularmente notável ao "Juízo Final" no Antigo Testamento encontra-se em Malaquias, onde Yahweh proclama:

> Eu vou enviar o meu mensageiro para que prepare um caminho diante de mim. Então, de repente, entrará em seu Templo o Senhor que vós procurais, o Anjo da aliança que vós desejais; ele está chegando – diz o SENHOR Todo--poderoso. Quem poderá suportar o dia da sua chegada? Quem poderá ficar de pé, quando ele aparecer? Porque ele é como o fogo do fundidor e como o sabão das lavadeiras. Ele se assentará para fundir e purificar a prata; ele purificará os levitas e os refinará como ouro e prata, e eles se tornarão para o SENHOR aqueles que apresentam uma oferenda conforme a justiça. A oferenda de Judá e de Jerusalém será agradável ao SENHOR, como nos dias antigos, como nos anos passados. Eu me aproximarei de vós para o julgamento e serei uma testemunha atenta contra os adivinhos, contra os adúlteros, contra os que juram falso, contra os que oprimem o assalariado, a viúva, o órfão e violam o direito do estrangeiro, sem me temer – diz o SENHOR Todo-poderoso (Ml 3,1-5).

Caso o leitor fosse questionar se tais textos foram editados e redigidos a fim de mitigar seu impacto emocional, leve em conta esta frase final da versão da Bíblia de Jerusalém: "Vós não tendes necessidade de temer-me, diz Yahweh"! Incidentalmente, Handel usa esta mesma Escritura em sua quarta ária de "O Messias", onde ouvimos: "O Senhor de repente entrará em seu Templo. Quem será capaz de resistir ao dia de sua vinda? Quem permanecerá de pé quando ele aparecer? Pois ele é como o fogo do refinador" (Handel, 1742).

O Novo Testamento usa vários termos da imagem do Juízo Final. É chamado, por exemplo, de o "Dia do Juízo" ou o "Último Dia", e ainda a "Vinda" (uma tradução do grego *parousia*, que literalmente significa "presença"). Conforme o Credo cristão, a estada de Cristo na terra foi seguida de sua morte, em seguida, de sua ascensão ao céu e, finalmente, por seu retorno à terra – especificamente com o propósito de julgamento. Esta imagem da "Vinda" de Cristo funde-se com a imagem da vinda do "Reino de Deus" ou "Reino dos Céus", como motivos sobrepostos significando material semelhante. Quanto ao Juízo Final, o Evangelho de Mateus oferece uma descrição-chave:

> Quando o Filho do homem vier em sua glória com todos os seus anjos, então se assentará no seu trono glorioso. Em sua presença, todas as nações se reunirão e ele vai separar uns dos outros, como o pastor separa as ovelhas dos cabritos. Colocará as ovelhas à sua direita e os cabritos, à esquerda. E o rei dirá aos que estiverem à sua direita: "Vinde, abençoados por meu Pai! Tomai posse do Reino preparado para vós desde a criação do mundo. Porque tive fome e me destes de comer, tive sede e me destes de beber, fui peregrino e me acolhestes e, estive nu e me vestistes, enfermo e me visitastes, estava na cadeia e viestes ver-me". E os justos perguntarão: "Senhor, quando foi que te vimos com fome e te alimentamos, com sede e te demos de beber? Quando foi que te vimos peregrino e te acolhemos, nu e te vestimos? Quando foi que te vimos enfermo ou na cadeia e te fomos visitar?" E o rei dirá: "Eu vos garanto: todas as vezes que fizestes isso a um desses meus irmãos menores, a mim o fizestes".

> Depois dirá aos da esquerda: "Afastai-vos de mim, malditos, para o fogo eterno, preparado para o diabo e seus anjos. Porque eu tive fome e não me destes de comer, tive sede e não me destes de beber, fui peregrino e não me destes abrigo; estive nu e não me vestistes, enfermo e na cadeia e não me visitastes". E eles perguntarão: "Senhor, quando foi que te vimos faminto ou sedento, peregrino ou enfermo ou na cadeia e não te servimos?" E ele lhes responderá: "Eu vos garanto: quando deixastes de fazer isso a um desses pequeninos, foi a mim que não o fizestes". E estes irão para o castigo eterno, enquanto os justos, para a vida eterna (Mt 25,31-46).

Esta Escritura expõe o assunto de maneira bastante dura, mas foi a base para todas as representações medievais do Juízo Final, culminando no magnífico afresco de Michelangelo na parede traseira da Capela Sistina. Ali encontramos o retorno de Cristo como uma espécie de "diretor de trânsito" – um fluxo de seres enviados em direção ao céu, e outro fluxo dirigido para o inferno. Ora, penso ser interessante que, na prática, todas as versões verdadeiramente medievais do Juízo Final tenham uma nítida fronteira entre céu e inferno, uma ruptura definitiva em relevos e pinturas entre registros superiores e inferiores. Contudo, este não é o caso no quadro de Michelangelo – o que eu considero um sintoma do Renascimento, quando a dissociação entre "superior e inferior" na psique começa a falhar (cf. fig. 9.1).

O texto de Mateus é particularmente importante do ponto de vista psicológico porque estabelece o fato de que a personalidade "Maior" (o si-mesmo) é encontrada na "menor" das manifestações psicológicas. Em outras palavras, aqueles aspectos da psique que o ego despreza e que têm a maior probabilidade de serem negligenciados são precisamente o lugar onde o si-mesmo reside: "Eu vos garanto: quando deixastes de fazer isso a um desses pequeninos, foi a mim que não o fizestes" (Mt 25,45). Naturalmente, isto é um tipo de paradoxo, o fato de a personalidade, em sua forma transpessoal maior, dever manifestar-se no menor. No entanto, psicologicamente faz muito sentido, porque o processo de chegar à consciência da própria totalidade envolve a aceitação e a assimilação de todos aqueles aspectos sombrios que foram considerados anteriormente os mais desprezíveis. O caminho para o si-mesmo passa pelos "ínfimos" aspectos de nós mesmos, um tema de que tratei brevemente na história de um caso encontrado em *The Living Psyche* (Edinger, 1990b, p. 29).

9.2 Julgamento na Grécia e em Roma

Conforme afirmei, a noção de um "Juízo Final" não é absolutamente uma invenção da mitologia judaico-cristã. Por exemplo, um julgamento depois da morte é descrito no mito platônico encontrado no décimo livro de *A república*. Sócrates está discutindo a questão da justiça durante a vida e depois dela, e conta a história de um guerreiro chamado Er, que tinha sido assassinado na batalha e deixado como morto. Quando o cadáver foi trazido para casa, repentinamente ele reviveu – para recontar o que ele "havia visto no além-mundo" durante sua experiência de morte aparente:

Figura 9.1

Michelangelo. *O juízo final* (detalhe). 1534-1541. Capela Sistina, Cidade do Vaticano.

Contava ele que, depois que saíra do corpo, a sua alma fizera caminho com muitas outras, e haviam chegado a um lugar divino, no qual havia, na terra, duas aberturas contíguas uma à outra, e no céu, lá em cima, outras em frente a estas. No espaço entre elas, estavam sentados juízes que, depois de pronunciarem a sua sentença, mandavam os justos avançarem para o caminho à direita, que subia para o céu, depois de lhes terem atado à frente a nota do seu julgamento; ao passo que, aos injustos, prescreviam que tomassem à esquerda, e para baixo, levando também atrás a nota de tudo quanto haviam feito. Quando se aproximou, disseram-lhe que ele devia ser o mensageiro, junto dos homens, das coisas do além, e ordenaram-lhe que ouvisse e observasse tudo o que havia naquele lugar (Livro X, 614). (Platão, 1949, p. 485).

A história continua. Mas quero chamar a atenção para o seguinte detalhe à medida que os dois tipos de almas falecidas contam suas experiências: "Umas, a gemer e a chorar, recordavam quantos e quais sofrimentos haviam suportado e visto na sua viagem por baixo da terra, viagem essa que durava mil anos, ao passo que outras, as que vinham do céu, contavam as suas deliciosas experiências e visões de uma beleza indescritível". Aqui, testemunhamos o motivo do "milênio" ou de mil anos em associação com o julgamento. Isso, de igual modo, não foi inventado pelo livro cristão do Apocalipse, mas foi retirado diretamente de Platão.

Há outro importante exemplo do período greco-romano no *Górgias,* de Platão. Uma vez mais, fala Sócrates:

> Então escuta, como dizem, um belíssimo discurso, o qual tu, suponho, terás por um mito, embora eu o tenha por um discurso, pois as coisas que estou prestes a te contar, eu a contarei como verdadeiras. Como diz Homero, Zeus, Poseidon e Pluto dividiam o domínio depois que o herdaram do pai. Havia, então, a seguinte lei concernente aos homens no tempo de Crono, lei que sempre houve e que ainda hoje prevalece entre os deuses: o homem cujo curso da vida foi justo e pio, quando morresse iria para a Ilha dos Venturosos e lá habitaria em absoluta felicidade e apartado dos males, enquanto o homem de uma vida injusta e ímpia iria para o cárcere do desagravo e da justiça, cujo nome é Tártaro. Quer na época de Crono, quer na mais recente, quando Zeus passou a exercer o domínio, os juízes, ainda vivos, julgavam esses homens em vida, no dia de sua iminente morte, e, por esse motivo, os processos eram mal julgados. Pluto e os guardiões da Ilha dos Venturosos se dirigiram, então, a Zeus e lhe disseram que a ambos os lugares chegavam homens iméritos de sua sorte. E Zeus

lhes disse: "Mas eu impedirei que isso aconteça. Pois hoje os processos são mal julgados porque quem julga", disse ele, "julga vestido, porque o faz em vida. Muitos", disse, "cuja alma é viciosa, estão vestidos em belos corpos, progénies e riquezas, e, no instante do julgamento, acompanham-nos inúmeras testemunhas para testemunhar a vida justa que cumpriram. Os juízes, assim, deslumbram-se com isso, ao mesmo tempo em que julgam vestidos, com a alma encoberta por olhos, ouvidos e pelo corpo inteiro. Todas essas coisas lhes são de obstáculos, quer as suas próprias vestes, quer as dos julgados. Em primeiro lugar, então", disse ele, "é preciso impedir que eles tenham a presciência da morte, visto que hoje a possuem... Em seguida, é preciso julgá-los desnudados de todas essas coisas, pois o julgamento deve ser feito quando mortos. Também o juiz deve estar nu, já morto, e perscrutar, com sua própria alma, a alma de cada um assim que morrer, privado de sua família inteira e despojado de todo aquele ornato enjeitado na terra, para que, enfim, o julgamento seja justo. Então eu, ciente disso antes de vós, determinei como juízes meus filhos, dois da Ásia, Minos e Radamanto, e um da Europa, Éaco. Eles, quando estiverem mortos, realizarão os julgamentos no prado, na tripla encruzilhada onde se bifurcam duas estradas, uma para a Ilha dos Venturosos, e a outra para o Tártaro. Radamanto julgará os que vierem da Ásia, enquanto Éaco, os da Europa; a Minos, por sua vez, concederei o privilégio de julgar em última instância, se um ou outro não souber como fazê-lo, a fim de que o julgamento sobre o percurso dos homens seja o quanto mais justo" (Platão, 2011, p. 441-447).

Isto é material muito interessante porque revela incontáveis anos de sabedoria popular refletida no arquétipo do "Juízo Final" – cristalizado aqui em uma lenda particular.

É significativo que Zeus tenha ordenado que o julgamento final fosse feito em condições tanto de "morte" quanto de "nudez". Creio que essas condições, consideradas psicologicamente, estão relacionadas. O leitor pode lembrar que Jung descreveu sua própria experiência de quase-morte como um doloroso "despir-se" de tudo, exceto de sua própria essência" (Jung, 1963, p. 291). Em outras palavras, o processo mesmo do morrer é um despir-se até à nudez: a condição de morte e a condição de nudez são simbolicamente análogas. Somos lembrados também das pinturas alquímicas no *Rosarium philosophorum*, onde o processo de *conjunctio* começa com o Rei e a Rainha vestidos; contudo, à medida que eles avançam para a totalidade, devem ser despidos de suas roupas e deixados com a "verdade nua" – conforme Jung o expõe – daquilo que eles representam (OC 16/2, § 402s.). Cristo diz: "Não julgueis e não sereis julgados" (Mt 7,1). Mas devemos julgar e ser julgados como parte da existência psíquica; no entanto, isso deveria ser feito em um estado daquilo que o *Rosarium* chama *mortificatio* [mortificação] e na "nudez" do ego. Não é deveras surpreendente que tais imagens experienciais de morte e de nudez acompanhem o encontro com o arquétipo do Apocalipse, visto que o arquétipo inclui a exposição ao infalível "olho de Deus" que nos fez como realmente somos. Segue-se que a experiência exige a assimilação consciente da sombra.

Encontramos outro exemplo clássico deste fenômeno no sexto livro da *Eneida*. Durante sua viagem ao submundo, Eneias é informado a respeito do julgamento no além-mundo.

> Estes são os reinos do destino implacável;
> E o terrível Radamanto governa o Estado;
> Ele ouve e julga cada crime cometido;

Investiga o lugar, o tempo e o tipo;
O desgraçado consciente deve revelar todos os seus atos
(Ambos para confessar, incapaz de ocultar),
Desde o primeiro momento de sua respiração vital,
Até sua última hora de morte irrepetível,
Diretamente sobre o fantasma culpado, a Fúria estremece
O chicote sonoro, e brande suas cobras,
E a pecadora pálida, com suas irmãs, leva
(Virgílio, 1965, p. 198s.).

A imagem virgiliana dos chicotes serpentiformes das Fúrias aparece na cena do "Juízo Final" de Michelangelo.

9.3 Julgamento no Egito antigo

Percorrendo retroativamente nosso caminho, chegamos ao Egito antigo e ao que era provavelmente a mais antiga manifestação do arquétipo do Juízo Final. Remonta a pelo menos cinco mil anos. De acordo com a *Larousse Encyclopaedia of Mythology,* um egípcio que morria devia passar por uma série de provações, incluindo-se o que os gregos chamavam de *psychostasia* [psicostasia] ou "abalançar a alma" do morto (cf. fig. 9.2):

Quando o falecido, graças aos talismãs colocados em sua múmia e especialmente graças às senhas escritas no indispensável Livro dos Mortos com o qual fora provido, havia cruzado a salvo a aterradora distância do país entre a terra dos vivos e o reino dos mortos, ele era conduzido imediatamente à presença de seu juiz soberano, seja por Anúbis, seja por Hórus. Depois de haver beijado o limiar, penetrou no "Átrio da Dupla Justiça". Este era uma sala imensa, no final da qual Osíris estava sentado. [...] redentor e juiz que aguardava seu "filho que veio da terra". No centro, estava erguida uma enorme balança, ao lado da qual se encontrava Maat, a deusa da verdade e da justiça, pronta para pesar o coração do morto. Nesse ínterim, Ammit, "a Devoradora" – um monstro híbrido, parte leão, parte hipopótamo, parte crocodilo – agachado proximamente, esperava para devorar os corações dos culpados. Por todo o átrio, à direita e à esquerda de Osíris, estavam sentadas quarenta e duas personagens. [...] quarenta e dois juízes, cada um correspondendo a uma província do Egito; e cada um era encarregado da tarefa de examinar algum aspecto especial da consciência do morto.

O próprio morto começou os procedimentos e, sem hesitação, recitou o que tem sido chamado de "a confissão negativa" [uma extensa lista de todos os pecados que a alma alega não ter cometido] (Larousse, 1959, p. 41s.).

O que se segue é o "abalançamento" desta alma. Em um dos pratos da balança, a deusa Maat está representada por uma pena, como símbolo da Verdade – enquanto, no outro prato, repousa o coração do defunto. As escalas são lidas acuradamente e o resultado é posto por escrito. Se os dois pratos da balança estiverem em perfeito equilíbrio, então Osíris torna o julgamento favorável dizendo: "Que o defunto parta vitorioso. Seja-lhe permitido ir aonde quiser, misturando-se livremente com os deuses e os espíritos dos mortos". Assim, o defunto era justificado e conduzido à felicidade eterna no reino de Osíris. Mas se os pratos não se equilibravam, o coração – que continha a alma ou que era a alma – era dado como alimento ao monstro que esperava: foi para o ventre do inferno. Pode-se ver que esta imagem antecipa em muitos milhares de anos a mesma imagem do Livro do Apocalipse[42].

---

42. Nota do editor: cf. Elder, 1996, p. 298s.

Figura 9.2

A alma do morto é pesada na balança. Do Papiro de Ani. Museu Britânico. Londres.

9.4 A balança

Examinemos um pouco mais esta imagem da "balança" tal como aparece no capítulo 5 de Daniel. O rei babilônico Baltazar estava dando uma grande festa quando, de repente, apareceu na parede do palácio uma inscrição traçada a mão que ninguém no salão pôde interpretar. Daniel – um israelita no exílio que, no entanto, era renomado por sua "clarividência, perspicácia e sabedoria a bem dizer divinas" – foi convocado; e isto foi o que ele tinha a dizer:

> Assim soa a inscrição que foi traçada: *Menê menê tequêl u-parsîn*. E eis a explicação das palavras: *Menê* = "Contado". Deus contou os dias do teu reinado e lhe pôs um limite. *Tequêl* = "Pesado". Foste pesado na balança e teu peso foi considerado insuficiente. *Perês* = "Dividido". Teu reino foi dividido e entregue aos medos e persas! (Dn 5,25-28).

Naquela mesma noite Baltazar foi assassinado. Ora, compreensivelmente, os filólogos despenderam muitos esforços tentando determinar a fonte das três palavras: *menê*, *tequêl* e *parsîn*. E com razoável certeza, a palavra *menê* realmente significa "medir"; a palavra *tequêl* significa "pesar", e a palavra *parsîn* "dividir". Desse modo, "medir, pesar e dividir" são os três termos básicos que o Profeta Daniel elaborou, dizendo, com efeito: "Teu reinado é que foi medido e lhe foi imposto um limite; tu é que foste pesado na balança e foste julgado deficiente; e teu reino vai ser dividido, disperso". Os termos são importantes porque eles fazem parte da fenomenologia do arquétipo do Juízo Final.

Ainda no século XIX, Ralph Waldo Emerson escreveu a respeito da imagem arquetípica da "balança" de maneira maravilhosa, que demonstra sua profunda intuição a respeito da natureza das coisas. A passagem seguinte vem de seu ensaio sobre "Compensação":

> Um homem sábio estenderá esta lição a todas as partes da vida, e sabe que faz parte da prudência encarar todo requerente e pagar toda demanda justa em relação a seu tempo, seus talentos ou seu coração. Pague sempre; sendo o primeiro ou o último, você deve pagar toda a sua dívida. Pessoas e acontecimentos podem interpor-se, por algum tempo, entre você e a justiça, mas é apenas um adiamento. No final, você deve pagar sua própria dívida. Se você for sábio, temerá uma prosperidade que apenas o sobrecarrega com mais. O benefício é a meta da natureza. Mas para cada benefício que você recebe, é cobrada uma taxa. Grande é aquele que concede o maior número de benefícios. Vil é aquele – e esta é a única coisa vil no universo – que recebe favores e não presta nenhum. Na ordem da natureza, não podemos fazer benefícios àqueles de quem os recebemos, ou só raramente. Mas o benefício que recebemos deve ser feito novamente, linha por linha,

ato por ato, centavo por centavo, a alguém. Tome cuidado
com demasiado bem parado em sua mão. Rapidamente se
corromperá e o verme penetra. Pague-o rapidamente de
alguma maneira (Emerson, 1940, p. 181).

E tudo isto é dito como uma explicação do princípio:

> O terror do meio-dia sem nuvens, a esmeralda de Policra-
> tes, o pavor da prosperidade, o instinto que leva toda alma
> generosa a impor-se as tarefas de um nobre asceticismo e
> virtude vicária são os tremores da balança da justiça através
> do coração e da mente do homem (Emerson, 1940, p. 181).

Esta mesma "balança da justiça" é o que a personificação
da "Justiça" cega, corrente em nossa sociedade, segura em suas
mãos. E está associada ao ser nivelado, correto, justo, honesto –
equilibrado. Dito psicologicamente, é um aspecto do si-mesmo
ativado que impõe seu padrão objetivo ao ego. Não acredito
que alguém lhe escape. Suspeito que aquelas pessoas que des-
consideraram totalmente este princípio de "compensação"
durante toda a sua vida, tenham a experiência no momento de
sua morte; pelo menos é o que as fontes mitológicas indicam.

Praticamente, todo este material – o leitor pode ter observado – conclui-se com uma "vida após a morte dividida" mais ou
menos decisiva: uma separação entre as ovelhas e os bodes, entre
os bem-aventurados e os condenados, entre o reino superior e o
inferior. Esta imagem aponta para a dissociação na psique coletiva. No entanto, penso que a psicologia do profundo descobriu
a base para curar aquela divisão, reconciliando aqueles opostos
divididos na totalidade do si-mesmo – em algum momento no
futuro, quando não no futuro próximo. O fator mais importante
é que a psicologia do profundo transferiu esta experiência crucial
do "Juízo" na vida após a morte para a psique, para o mundo

interior do indivíduo vivo. Agora ele pode ser visto como uma experiência potencialmente consciente durante a vida da pessoa aqui na terra; e, deste modo, a visão psicológica transcende em grande parte a imagem cristã tradicional.

Jung descreve uma versão de tal experiência em *Memórias, sonhos, reflexões*, onde ele fala de um encontro com o si-mesmo – que "chegou" em um irreconciliável conflito de obrigações. Enquanto alguém tiver um senso claro do dever em dada situação, há algum guia moral de como deveria proceder. Contudo, supondo-se que alguém seja confrontado simultaneamente com duas obrigações irreconciliáveis de igual importância: o que acontece? Aqui está o que diz Jung:

> Mas se alguém assume a responsabilidade de resolver uma situação litigiosa de deveres contraditórios, debatendo a questão em face do juiz perante o qual comparece dia e noite, encontrar-se-á eventualmente na posição do "homem-só": possui um segredo que não admite qualquer debate público pela excelente razão de que esse homem já é fiador perante si mesmo de uma acusação impiedosa e de uma defesa obstinada; nenhum juiz temporal ou espiritual poderia devolver-lhe o sono. De resto, se ele não conhecesse previamente, até à náusea, as decisões desses eventuais juízes, os fatos nunca teriam chegado a um conflito de deveres. Este último, sempre supõe uma consciência elevada de suas responsabilidades. É justamente esta virtude que lhe proíbe a aceitação de uma decisão coletiva; e por este motivo o júri do mundo exterior é transposto para o mundo interior onde uma decisão será tomada, de portas fechadas.
>
> Esta transformação confere ao indivíduo uma significação antes ignorada. Ele será, doravante, não só seu eu bem conhecido e socialmente definido, como também a instância que negocia o que ele vale em si mesmo. Nada

aumenta mais a tomada de consciência do que a con-
frontação interior com os fatores opostos. Não só a
acusação coloca sobre a mesa os dados desconhecidos,
como a defesa também passa a procurar argumentos em
que até então não havia pensado. Disso resulta que uma
parte importante do mundo exterior é transportada para
o mundo interior, e esse mesmo elemento é subtraído ao
mundo exterior; por outro lado, o mundo interior ganha na
mesma proporção e é elevado à dignidade de um tribunal
de decisão ética. O eu, que antes era unívoco, por assim
dizer, perde a prerrogativa de ser simplesmente o acusador
e adquire, em troca, o inconveniente de também ter que
ser acusado. O eu torna-se ambivalente, ambíguo e fica
mesmo entre a bigorna e o martelo. Torna-se consciente
de uma polaridade de opostos que lhe é "sobre-ordenada"
(Jung, 1986, p. 121s.)

Essa polaridade superordenada ao ego é o si-mesmo. Mas
quero repetir algo que Jung acabou de dizer: "Disso resulta
que uma parte importante do mundo exterior é transportada
para o mundo interior, e esse mesmo elemento é subtraído ao
mundo exterior; por outro lado, o mundo interior ganha na
mesma proporção e é elevado à dignidade de um tribunal de
decisão ética". Esse é precisamente o processo no qual estamos
engajados aqui ao interpretar as Escrituras de maneira psicológica. Até agora, tais textos foram guardados cuidadosamente
como dogma na psique coletiva e, portanto, têm feito parte do
mundo exterior. Ao compreender a realidade psicológica que
está por trás deles, estamos "empobrecendo" as Escrituras em
seu conteúdo ou "aliviando-as" do peso de seu conteúdo (Jung
recorre a ambas as palavras que encerram nuances diferentes),
enquanto, ao mesmo tempo, estamos aumentando o peso e a
grandeza da psique. Tal operação está em andamento neste livro.

6 Apocalipse: capítulos 21 e 22

10.1 A Nova Jerusalém

O Livro do Apocalipse termina com um *grand finale*, uma grande mandala e a visão de *coniunctio*. A mandala é a "Nova Jerusalém", que um anjo mostra a João. Em êxtase, João escreve:

> Levou-me em espírito ao alto de uma grande montanha e mostrou-me a cidade santa, Jerusalém, que descia do céu, de junto de Deus. Tinha a glória de Deus. O seu brilho era semelhante ao da pedra mais preciosa, como uma pedra de jaspe cristalino. Tinha um muro grande e alto, com doze portas. Sobre as portas havia doze anjos e nomes escritos. São os nomes das doze tribos de Israel. Do lado do Oriente havia três portas, do lado do Norte três portas, do lado do Sul três portas e do lado do poente três portas. A muralha da cidade tinha doze pedras fundamentais. Sobre elas estavam os nomes dos doze apóstolos do Cordeiro. Quem falava comigo tinha uma vara de ouro para medir a cidade, as portas e a muralha. A cidade era quadrangular; o comprimento era igual à largura. Ele mediu a cidade com a vara. Tinha doze quilômetros, sendo iguais comprimento, largura e altura. Mediu a muralha. Tinha cento e quarenta

e quatro metros. O anjo usava medidas humanas. A muralha era de jaspe, e a cidade era de ouro puro, semelhante ao cristal puro. As pedras fundamentais da muralha da cidade estavam enfeitadas com diferentes espécies de pedras preciosas: a primeira de jaspe, a segunda de safira, a terceira de calcedônia, a quarta de esmeralda, a quinta de sardônica, a sexta de cornalina, a sétima de crisólito, a oitava de berilo, a nona de topázio, a décima de crisópraso, a décima primeira de jacinto e a décima segunda de ametista. As doze portas eram doze pérolas, e cada porta era feita de uma só pérola. A praça da cidade era de ouro puro, parecendo cristal transparente. Não vi nela nenhum templo, pois o seu templo é o Senhor Deus todo-poderoso e o Cordeiro. A cidade não precisa de sol nem de lua para ficar iluminada. Pois a glória de Deus a ilumina, e sua luz é o Cordeiro. As nações caminharão à sua luz, e os reis da terra levarão até ela o seu esplendor. As suas portas não precisam ser fechadas a cada dia, pois não haverá noite; por elas lhe chegarão o esplendor e a riqueza das nações. Nela não entrará coisa alguma impura, nem quem cometa abominações e diga mentiras, mas somente os que estão inscritos no livro da vida, que pertence ao Cordeiro. Mostrou-me então um rio de água da vida, pura como cristal, que saía do trono de Deus e do Cordeiro. No meio da praça, de um lado e de outro do rio, está a árvore da vida que produz doze frutos, cada fruto em seu mês. As folhas da árvore servem para curar as nações (Ap 21,10–22,2).

Esta é uma magnífica imagem mandala, uma quaternidade complexa, que é realmente uma cidade de pedra preciosa. Desse modo, conforme indica Jung, ela tem muitos paralelos com a lazulita alquímica. De fato, sempre que se encontram sonhos que envolvem "pedras preciosas", geralmente é uma referência ao si-mesmo, que é eterno e belo (cf. fig. 10.1).

Figura 10.1

Gustave Doré. *A Nova Jerusalém*. c. 1866. Gravura.

Esta majestosa imagem também reproduz determinados traços do estado original do paraíso, com seu rio da vida e as árvores da vida, ao longo de suas margens. É, portanto, especificamente um lugar de cura; com efeito, as folhas destas árvores são a "cura" para todos. Por meio de amplificação, lembro-me de um sonho de Jung, referido em *Memórias, sonhos, reflexões*, que aconteceu três vezes na primavera e no começo do verão de 1914, pouco antes da Primeira Guerra Mundial. Em cada sonho, um intenso frio ártico descia sobre toda a Europa. Contudo, conforme nos conta Jung:

> No terceiro sonho, um frio assustador tinha novamente descido do cosmos. Esse sonho, entretanto, teve um fim inesperado. Havia uma árvore frondosa, mas sem frutos (minha árvore da vida, eu suponho), cujas folhas haviam se transformado pelo efeito do frio em doces uvas repletas de suco medicinal. Eu arranquei as uvas e as dei para uma grande multidão que esperava (Jung, 1963, p. 176).

Isto não precisa de nenhuma interpretação; obviamente, a "árvore da vida", dentro da Jerusalém celeste e dentro do sonho de Jung, estão relacionadas.

No *grand finale* do Apocalipse, há também uma imagem de *coniunctio*, um *hierosgamos* ou "matrimônio celeste": a cidade maravilhosa é identificada explicitamente como a "noiva do Cordeiro" (Ap 2,19). A este respeito, Jung fez observações específicas em *Resposta a Jó*:

> Esta visão final que, como sabemos, é interpretada como a relação de Cristo com a Igreja, tem o significado de um "símbolo de unificação" e, por isso, representa a perfeição e a totalidade. Daí a razão da quaternidade que se expressa como quadratura da cidade nas quatro torrentes do paraíso [...] O círculo indica a forma circular do céu e o ser universal da divindade (pneumática), ao passo que o quadrado se refere à terra. O céu é masculino e a terra é feminina. Por isso Deus tem o seu trono no céu, ao passo que a Sofia tem o seu trono na terra, como ela própria nos diz, segundo Jesus de Sirac: "Na cidade amada me estabeleci e em Jerusalém exerci o meu poder" [...] A cidade é a Sofia que existe desde toda a eternidade e voltará a unir-se a Deus, nas núpcias sagradas, no final dos tempos. Como elemento feminino, a Sofia coincide com a terra da qual germinou Cristo, como diz um Padre da Igreja (OC 11/4, § 727).

Embora sejamos informados aqui de que a Cidade celestial é não somente a noiva mas também equivale à Sabedoria, há um problema: o "casamento" acontece no pleroma, no reino transcendental, em vez de no nível terreno. Não obstante a probabilidade de que esta maravilhosa imagem estava destinada a ser da maior universalidade, Jung, no entanto, foi obrigado a continuar:

> Não há dúvida de que este final tem por função indicar uma solução definitiva para o terrível conflito da existência como um todo. Esta solução não consiste em conciliar os contrários, mas em dissociá-los definitivamente, dissociação na qual os indivíduos interessados podem se salvar, se se identificarem com o lado pneumático de Deus (OC 11/4, § 728).

O que temos aqui é a superposição de dois níveis diferentes de simbolismo. Tenho assinalado repetidamente ao longo deste trabalho que o Livro do Apocalipse descreve um processo de *separatio* cósmica, uma ampla divisão cósmica entre "céu e inferno". Mas, então, eis que vem este final – uma grandiosa *coniunctio* e uma imagem de quaternidade que implica uma reconciliação de opostos, um estado de completude. No nível concreto, parece que os redatores acomodaram esta imagem final sobre a original, que empresta à Escritura, tal como está, um estranho caráter de dupla camada. Mas a probabilidade histórica de que isso tenha acontecido não é o ponto principal, pois permanece verdadeiro que a psique coletiva criou este texto particular, usou tais redatores e preservou o texto tal como aparece. Psicologicamente, devemos tomar o Livro do Apocalipse tal como chegou até nós. E penso que o significado desta estrutura de dupla camada é o seguinte: em certos níveis de desenvolvimento, uma *separatio* decisiva é, de fato, um estado de completude – mesmo que não seja o que nós, como psiques modernas, definiríamos como tal. Sempre que se atinge um estágio decisivo de desenvolvimento que preenche o potencial inato do *próprio tempo* e da *própria natureza,* então imagens do si-mesmo significarão "cumprimento". Visto a partir da perspectiva de um tempo posterior e de um estágio de desenvolvimento posterior, aquelas mesmas imagens podem ser vistas em conflito umas com as outras. Não suponho que este ponto seja perfeitamente claro, visto que um paradoxo permanece na Escritura.

10.2 O banquete messiânico

Tradicionalmente, na história do Apocalipse deveria acontecer uma festa de casamento, visto que a "Jerusalém celeste" está se casando com o "Cordeiro divino". Esta imagem, porém, não é explícita no Apocalipse. Contudo, está expressa formalmente na lenda judaica como o "banquete messiânico" do qual já falei. Nessa grande refeição, a carne de Beemot e de Leviatã deve ser servida aos fiéis; e devem beber vinho feito de uvas cultivadas no paraíso. Esta imagem realmente se insinua no capítulo 19 do Apocalipse:

> Vi então um anjo de pé sobre o sol, que gritou com voz forte para todas as aves que voam pelo alto do céu: "Vinde, reuni-vos para o grande banquete de Deus, para comerdes a carne dos reis, a carne dos generais, a carne dos poderosos, a carne dos cavalos e de seus cavaleiros, a carne de todos os livres e escravos, de pequenos e grandes (Ap 19,17-18).

A carne que está sendo oferecida é a daqueles que serão abatidos durante o Apocalipse – uma versão horrível da festa de casamento simbólica, naturalmente, mas ali está. Observei um motivo paralelo em um sonho a que já me referi e que foi relatado em meu livro *A criação da consciência*. O leitor pode recordar que o sonhador, da outra margem do rio, está observando a cidade de Nova York em um estado de ruínas. Gigantes do espaço sideral desceram e estão devorando seres humanos:

"Eles cultivaram nossa civilização, assim como cultivamos hortaliça em uma estufa. A terra era a estufa deles, por assim dizer, e agora eles voltaram para colher os frutos que haviam semeado". O sonho continua, e somos informados de que o sonhador será poupado porque tem pressão arterial ligeiramente alta. Em vez de ser devorado, ele deve sujeitar-se a uma prova:

> Caminhamos por um tempo realmente longo, testemunhando uma destruição cataclísmica. Então, diante de mim, vi um gigantesco trono de ouro, brilhante como o sol, impossível de olhar diretamente. No trono estava sentado um rei e uma rainha da raça dos gigantes. Eram eles a inteligência por trás da destruição de nosso planeta.
>
> A provação ou tarefa que eu precisava cumprir, além de testemunhar a destruição do mundo, era escalar essa escadaria até estar ao nível deles – "face a face" com eles. Isso seria provavelmente em estágios. Comecei a subida, era longa e muito difícil, meu coração batia muito rápido. Eu sentia medo, mas sabia que precisava cumprir a tarefa, o mundo e a humanidade estavam em jogo. Eu acordei desse sonho transpirando muito.
>
> Depois eu entendi que a destruição da Terra pela raça dos gigantes era uma festa de casamento para os recém-casados rei e rainha... (Edinger, 1984, p. 28s.).

Esta imagem é bastante próxima daquela que vimos examinando no Livro do Apocalipse. Então, devemos perguntar-nos: como devemos compreender psicologicamente esta horrenda festa de casamento que apareceu em um texto antigo e no sonho de um homem moderno? Aqui está o que sugiro. O "Apocalipse" – e o material apocalíptico de qualquer tipo, de qualquer época – significa que os "opostos" arquetípicos que compõem a imagem de Deus foram ativados e desencadearam o dinamismo da *coniunctio* ou do problema arquetípico do "amor e da guerra". Os opostos, de qualquer tipo, ou se unem no amor ou se confrontam na inimizade. Quando este dinamismo *transpessoal* toca o ego consciente, ele envolve a psique *humana*, tanto individual quanto coletivamente. Então é que o processo insiste em ser "encarnado", por assim dizer – insiste em manifestar-se concretamente, agindo, ele mesmo, inconscientemente ou de outra forma. Para fazer isso, porém, a dinâmica arquetípica deve alistar ou recrutar seres humanos para seu serviço. No entanto, isto significa que os seres humanos serão "consumidos" ou "devorados" pelo processo que, em seguida, despoja-os de suas vidas pessoais. Fatores arquetípicos fazem deles meros "atores" no drama arquetípico. E comumente este drama vive por si só, inconscientemente, quer queira quer não, na história humana coletiva, onde *cada um* é uma vítima. A alternativa mais consciente é que um indivíduo que entende o que está acontecendo "encarna" o processo arquetípico como individuação.

Neste contexto, frequentemente penso em uma importante frase que Jung deixa escorregar para dentro de *Resposta a Jó*: "a imagem de Deus domina toda a esfera do humano e é expressa involuntariamente pela humanidade" (OC 11/4, § 660). Facilmente se poderia escrever um livro inteiro sobre as implicações desse único pensamento, e fiz um comentário a respeito deste em meu livro *Transformação da imagem de Deus* (Edinger, 1992, p. 80s.). Em resumo, a afirmação de Jung significa que quando a *imago Dei* é ativada de maneira particular, a imagem de Deus "como" seres humanos, ela não só os impregna, mas os possui e, com efeito, "consome" seus egos. Isto explica o aspecto horrendo da "festa de casamento" do Apocalipse.

10.3 Restauração

Ora, pouco antes deste material, lemos no capítulo 21 do Livro do Apocalipse:

> Vi então um novo céu e uma nova terra, porque o primeiro céu e a primeira terra haviam desaparecido, e o mar já não existia. Vi a cidade santa, a nova Jerusalém, que descia do céu, de junto de Deus, formosa como a esposa que se enfeitou para o esposo. Ouvi uma voz forte que saía do trono e dizia: "Esta é a tenda de Deus entre os homens. Ele vai morar com eles. Eles serão o seu povo, e o próprio Deus-com-eles será o seu Deus. Enxugará as lágrimas de seus olhos e a morte já não existirá. Não haverá mais luto, nem pranto, nem dor, porque tudo isso já passou". E aquele que estava sentado no trono disse: "Agora faço novas todas as coisas". E acrescentou: "Escreve, porque estas palavras são dignas de fé e verdadeiras" (Ap 21,1-5).

Além do tema da encarnação, claramente expresso aqui – "Deus-com-eles" –, na passagem existe a importante ideia da *apocatastasis*, geralmente traduzida por "restauração" e referindo-se à reabilitação de todas as coisas, uma nova criação. Embora esta palavra mesma não apareça no Apocalipse, ela é pronunciada por Pedro no Atos dos Apóstolos, onde ele diz:

> Arrependei-vos, pois, e convertei-vos para se apagarem os vossos pecados. Assim virão da parte de Deus os tempos de consolação, e enviará aquele que vos é destinado: o Cristo Jesus. É necessário, porém, que o céu o receba até chegarem os tempos da restauração de todas as coisas, de que Deus falou há muito tempo pela boca dos santos profetas (At 3,19-21).

A ideia é que, originalmente, o mundo era perfeito, íntegro, completo. Mas Adão pecou, disseram-nos – psicologicamente, a consciência do ego entrou no mundo criado –, estragando o estado original de completude. No tempo fixado, porém, aquele estado original de completude será restaurado: haverá uma *apocatastasis*, uma nova criação, um novo céu e uma nova terra, correspondente ao original, mas em um nível novo. Esta noção não se origina com a literatura judaica e cristã, mas estava geralmente ativa na psique coletiva do período antigo. Os estoicos, por exemplo, imaginavam que o universo seria uma série infinita de períodos cósmicos cíclicos nos quais a *apocatastasis* seria o estádio final de um velho período e o começo de um novo. Mas a imagem ganha proeminência mediante os escritos cristãos de Orígenes no século III. Embora declarado herege postumamente, ele foi o mais importante teólogo de língua grega de seu tempo, e falou amplamente sobre a *apocatastasis*, a que ele dedicou todo um capítulo no livro um do *Trado sobre os princípios*. Aqui vai um excerto:

> Haverá fim e consumação do mundo quando cada um for submetido às penas merecidas pelos seus pecados, mas, quando é que cada um vai pagar pelo que merece, só Deus sabe. Pensamos que a bondade de Deus reunirá [realizará uma *apocatastasis*] em Cristo toda a criação num único final, depois de ter reduzido e submetido até os inimigos (Orígenes, 1966, 1.6.1, p. 52)[43].

A fim de explicar claramente seu argumento, Orígenes cita vários textos da Escritura que se referem a um tempo, cedo ou tarde, quando tudo será submetido a Deus ou a Cristo. E era sua opinião que, no final das contas, até mesmo o diabo será redimido. Esta era psicologicamente uma posição generosa e singular entre os Padres da Igreja primitiva; e eu, de minha

---

43. Para aprofundar o tema, cf. Edinger (1996, p. 46s.).

parte, tenho um carinho especial por Orígenes. Naturalmente, ele teve de ser rotulado de herege pela Igreja – como poderia ter sido de outra maneira? Ele tinha um senso da completude final, para além da divisão do *éon* cristão.

Psicologicamente, podemos entender a *apocatastasis* como a relação restaurada do ego com o si-mesmo após longo período de separação. Todo o processo de desenvolvimento do ego – da infância à maturidade – envolve uma aprimorada separação da antes completa relação original com o si-mesmo que, no entanto, tinha um defeito muito grande: era inconsciente. O leitor pode continuar a explorar este assunto na primeira seção de *Ego e Arquétipo*, onde descrevo o ego como tendo nascido do si-mesmo, passando, em seguida, por vários estágios de inflação e de alienação, e finalmente – desde que o ego se desenvolva suficientemente –, para retornar a uma relação com o si-mesmo em um nível consciente. Creio que este seja o pano de fundo psicológico da majestosa imagem de uma "restauração de todas as coisas", no que se refere ao arquétipo do Apocalipse no Livro do Apocalipse.

10.4 Pensamentos finais

Em conclusão, resta-me tratar, de maneira mais geral, o que significa para as pessoas modernas viver em uma época apocalíptica. Penso que é evidente para pessoas perceptivas que o arquétipo do Apocalipse está agora altamente ativado na psique coletiva e está se realizando na história da humanidade. A dinâmica arquetípica já começou, já está em movimento entre nós. E, quanto a isso, os fundamentalistas estão certos em sua preocupação com esta imagem particular: o problema é que eles estão lidando com o fenômeno de maneira anacrônica, com uma psicologia que estava em vigor e era apropriada há dois mil anos: com projeções metafísicas concretistas. Eles realmente esperam ser apanhados no ar em um arrebatamento literal no final da era. Contudo, a partir dos dados psicológicos, não há dúvida de que o Apocalipse está vivendo na psique coletiva de maneira inconsciente e, por conseguinte, destrutiva. As evidências estão por toda parte. O si-mesmo está vindo, e os fenômenos que deveriam ser *experimentados conscientemente e integrados pelo indivíduo no curso do processo de individuação* estão ocorrendo incônscio e coletivamente na sociedade como um todo. Este fato está em consonância com a lei psicológica segundo a qual um conteúdo psíquico ativado que não é realizado conscientemente se manifesta externamente no mundo exterior. Estou persuadido de que estamos no limiar de um tempo de confusão de imensa proporção. A gravidade da catástrofe dependerá de quantos indivíduos tiverem alcançado nível suficiente de individuação para saber o que está acontecendo.

A este respeito, vejo a grande obra de Jung, *Resposta a Jó*, como fator decisivo. No dia 2 de abril de 1955, Jung escreveu o seguinte em uma carta na qual ele estava explanando porque havia escrito aquele livro:

> como Jó levantou sua voz, para que todos pudessem ouvi-la, também eu me decidi a arriscar minha pele e fazer o melhor possível para sacudir os meus contemporâneos de sua inconsciência, em vez de permitir que minha frouxidão pudesse conduzir à ameaçadora catástrofe mundial (Jung, 2002, vol. 2, p. 406.)

Acho esta afirmação impressionante. Jung estava consciente de que ele, um indivíduo entre cinco bilhões, talvez pudesse prevenir ou mitigar a catástrofe mundial iminente mediante o que ele nos diz em *Resposta a Jó*. E esta é a razão por que ele partilha a informação ali encontrada.

Em minha opinião, *Resposta a Jó* é o único antídoto de que o indivíduo dispõe enquanto é obrigado a suportar (e, quem sabe, sobreviver) a provação do Apocalipse em sua manifestação coletiva. Esta obra única, sucinta e apaixonada nos diz o que está acontecendo, o *significado* da vasta revolta coletiva da qual estamos agora nos estágios iniciais: ou seja, o si-mesmo está entrando na consciência coletiva, a "encarnação da imagem de Deus", com toda a sua ambiguidade paradoxal, um Deus que une dentro de si mesmo tanto o bem quanto o mal. Jung explica detalhadamente neste breve trabalho, descrevendo o profundo drama divino que se está desenvolvendo na psique coletiva. Na verdade, *Resposta a Jó* faz parte de uma trilogia de obras sobre o mesmo tema: em primeiro lugar, vem *Aion*; em seguida, *Resposta a Jó*, que é o coração da trilogia; e, finalmente, *O si-mesmo oculto* – cujo título em inglês, aliás, foi escolhido pelos editores, ao passo que Jung preferia *Presente e futuro*, um título mais claramente relacionado com a experiência apocalíptica[44]. Em cada uma dessas obras, a ideia essencial é que o si-mesmo, a nova imagem de Deus, está vindo! Está visitando a terra, visitando a humanidade, visitando o ego individual: e está vindo a fim de encarnar-se. "Yahweh" quer tornar-se homem novamente, mais plenamente. E *Resposta a Jó* é o talismã para ajudar-nos a passar pelo processo.

---

44. Nota do editor: sobre o título da edição em português.

Ouçamos o que diz Jung:

> A decisão de Javé de tornar-se homem é um símbolo da
> evolução que deverá iniciar-se quando o homem sentir com
> que espécie de imagem de Deus se acha confrontado. Este
> Deus age através do inconsciente do homem, obrigando-o
> a unir e harmonizar as influências contrárias permanentes,
> às quais sua consciência está submetida. O inconsciente
> pretende ambas as coisas: separar e unir. É por isso que
> o homem, em suas tentativas de unificação, pode sempre
> contar com a ajuda de um defensor metafísico, como Jó
> o vira claramente. O inconsciente quer introduzir-se na
> consciência, a fim de poder chegar à luz, mas, ao mesmo
> tempo, é impedido em tal desígnio, porquanto prefere
> permanecer inconsciente, isto é, Deus quer tornar-se ho-
> mem, mas não de modo absoluto. O conflito presente em
> sua natureza é de tal proporção, que a encarnação só pode
> ser realizada à custa de um autossacrifício expiatório para
> satisfazer a ira do lado tenebroso de Deus (OC 11/4, § 740).

Esse "autossacrifício expiatório" é a provação que a humanidade agora deve sofrer à medida que a imagem de Deus,
sem modificação, entra na esfera humana em busca de sua
própria transformação. Como já disse reiteradamente, é uma
regra psicológica que se um conteúdo psíquico ativado não é
integrado conscientemente, manifestar-se-á externamente em
um modo concreto literal. Com sua estranha perspicácia, Emerson reconheceu um aspecto desta regra quando escreveu em
seu primeiro ensaio publicado, *Natureza*: "A condição de cada
homem é uma solução em hieróglifos para aquelas indagações
que ele faria. Ele realiza-a como vida antes de compreendê-la
como verdade" (Emerson, 1940, p. 3).

Segue-se que se desejarmos conhecer a natureza de determinados aspectos irrealizados de nossa psicologia, temos apenas

de examinar as circunstâncias que nos confrontam. Nossa condição externa é realmente um quadro daquelas entidades psíquicas ainda não compreendidas.

Em sentido oposto, podemos também dizer que um evento externo hostil que ameaça acontecer pode ser prevenido ou mitigado pela tomada de consciência de sua origem interior, psíquica. Se um perigo pode ser experimentado psicologicamente, a miúdo se pode ser poupado da experiência concreta dele; de modo geral, a experiência psíquica é muito mais manejável. Há pessoas, por exemplo, que sonham tendo acidentes de carro: sem dúvida, isto pode significar que elas estão em grave perigo de ter de fato acidentes automobilísticos – se o que o "acidente de carro" significa é tão inconsciente que precisa ser encenado em um acidente para chamar a atenção. E assim, às vezes, o analista deve advertir mui seriamente o paciente: "Você corre o perigo de ter um verdadeiro acidente de carro!" O inconsciente pode ser muito estúpido a esse respeito, declarando seu propósito a todo custo ao ser humano com quem ele está tentando comunicar-se.

Tais assuntos são importantes para nossa era apocalíptica. A "vinda do si-mesmo" é iminente; e o processo de "individuação" coletiva está se realizando na história humana. De uma forma ou de outra, o mundo tornar-se-á uma única entidade absoluta. No entanto, será unificado seja em mútua destruição em massa, seja mediante a consciência humana recíproca. *Se* número suficiente de indivíduos puderem ter a experiência da vinda do si-mesmo como uma experiência individual, interior, é possível que possamos simplesmente ser poupados das piores características de sua manifestação exterior. Não posso afirmar tal possiblidade com certeza, mas meramente como uma hipótese para a qual temos, realmente, conforme já observado, alguns dados psicológicos. Contudo, assim é que podemos diminuir na psique coletiva a compulsão dinâmica para manifestar o "Apocalipse" coletiva e concretamente em sua forma mais extrema.

Quando o si-mesmo vem, necessariamente traz os "opostos", uma vez que são seu conteúdo essencial. Todavia, enquanto o si-mesmo for inconsciente, esses opostos jazem lado a lado pacificamente – o "leão deita-se com o cordeiro" – porque não há consciência de sua distinção e separatividade. Uma vez, porém, que esse conteúdo essencial toca a área da consciência, os contrários se separam: e o ego individual é exposto ao "conflito". Então, surge a questão terminante de se o ego é ou não capaz de conter o conflito dos opostos como problema psicológico a ser enfrentado com consciência. Infelizmente, tal tarefa é muito difícil. Jung escreve: "qualquer contraste pertence a Deus e por isso o homem deve tomá-lo sobre si; tão logo o faça, Deus se apossará dele, juntamente com as suas antinomias. O homem é, então, invadido pelo conflito divino" (OC 11/4, § 659).

O que comumente acontece é que o indivíduo não é capaz de conter "declínio" dentro do próprio si-mesmo, e o conflito de contrários derrama-se no mundo exterior por meio de projeção. E é então que os opostos constelados se manifestam não no recipiente da psique individual, mas no recipiente da sociedade como um todo. Isto é precisamente o que está acontecendo hoje. A imagem de Deus está se manifestando em sua oposição nas amargas disputas faccionais que eclodem por todo o mundo: enquanto escrevo, entre os clãs guerreiros na Somália; entre Tutsis e Hutus, em Ruanda; sérvios e bósnios, na Iugoslávia; palestinos e israelense no Oriente Médio; para não falar de nossos grupos fanáticos de ação política em guerra uns com os outros na cena política americana. A lista poderia continuar e os nomes podem mudar de um ano ao outro. Entretanto, esta perturbadora breve lista de "conflitos", que é tão fácil compilar, lembra-nos da observação de Heráclito: "A guerra é o pai de todas as coisas". Estas muitas facções são aquilo a que Jung se refere como os desprezíveis "ismos" – e, no entanto, todos fazem parte da fenomenologia do Apocalipse.

O que devemos fazer? Ouçamos novamente Jung, em um longo trecho de *Resposta a Jó*:

> O que importa agora, exclusivamente, é saber se o homem é capaz, por si mesmo, de galgar um degrau moral mais alto, isto é, um nível superior de consciência, para estar à altura do poder sobre-humano que os anjos decaídos atiraram às suas mãos. Mas o homem não pode avançar por própria conta, se não possuir um conhecimento mais apurado a respeito de sua própria natureza. Infelizmente, neste particular, o que predomina é uma terrível ignorância e uma aversão não menor a ampliar o conhecimento acerca do próprio ser. [...] A verdade é que sempre se pode contar com a graça imerecida de Deus que atende as nossas orações. Ora, Deus, que não atende nossas orações, quer tornar-se homem, e para isto escolheu, por meio do Espírito Santo, o homem puramente criado, portador da obscuridade do próprio Deus, aquele homem natural, manchado pelo pecado original e a quem os anjos decaídos ensinaram as ciências divinas. Foi este homem culpado o indicado e por isto mesmo o escolhido para sede da encarnação progressiva e continuada, e não o homem inocente que se abstém do mundo e se nega a dar seu tributo à causa da vida, pois nesta vida o deus tenebroso não encontraria espaço para agir.

Desde o aparecimento do Apocalipse sabemos, de novo, que Deus não somente deve ser amado, como também temido. Ele nos cumula com o bem e o mal, pois, do contrário, não haveria motivo de temê-lo. E como ele quer tornar-se homem, é no homem que deve realizar-se a união de suas antinomias. Isto constitui uma nova responsabilidade para o homem. Este não pode mais se escusar, apelando para a sua pequenez e nulidade, pois o deus tenebroso colocou-lhe nas mãos a bomba atômica e o material para uma guerra química, dando-lhe assim o poder de despejar a taça da ira apocalíptica sobre seus semelhantes. Como lhe foi posto nas mãos um poder por assim dizer divino, ele não pode mais continuar cego e inconsciente. Deve conhecer a natureza de Deus e o que se passa no interior da metafísica, a fim de compreender-se a si mesmo, chegando deste modo ao conhecimento de Deus (OC 11/4, § 746s.).

Esta provação do Apocalipse – começando agora e ao qual toda a humanidade está sendo submetida – corresponde à provação de Jó na Bíblia, mas é ainda mais pertinente à provação de Cristo. Cristo foi a primeira tentativa da imagem de Deus de encarnar-se e de transformar a si mesma. Ora, na segunda vez, a humanidade como um todo, e não apenas uma pessoa, será o sujeito desse processo. Deus vai encarnar-se na humanidade como um todo, e nessa forma encarnada oferecer a si mesmo como um autossacrifício para realizar sua própria transformação – tal como fez com o indivíduo Cristo. O assunto é exposto de maneira clara, embora densamente, por Jung em sua carta clássica a Elinid Kotschnig, em junho de 1956:

Cristo [...] estava diante de um Deus não confiável e injusto que precisava de um sacrifício drástico, isto é, a execução de seu filho, para aplacar sua ira. É curioso que, por um

> lado, seu autossacrifício significava admitir a natureza amoral do Pai; por outro, ensinava uma nova imagem de Deus, isto é, a imagem de um Pai amoroso no qual não há escuridão. Esta antinomia enorme precisa de explicação. Precisava da afirmação expressa de que Ele era o filho de Deus, isto é, a encarnação da divindade no homem. Como consequência, o sacrifício foi uma autodestruição do Deus amoral, encarnado num corpo mortal (Jung, 2002, vol. 3, p. 35).

Esta passagem pode ser aplicada precisamente ao segundo ato de encarnação de Yahweh na humanidade como um todo. A humanidade agora está no papel do "filho de Deus". E Deus está realizando sua própria transformação mediante outra autodestruição enquanto encarnado no "corpo mortal" da humanidade. Seguir-se-á, necessariamente, do ponto de vista do arquétipo, a mesma sequência de acontecimentos conforme ocorreram na vida de um único indivíduo, mas agora em uma arena mais ampla. E este segundo ato de encarnação, semelhantemente realizará o mesmo objetivo, a transformação da imagem de Deus. A imagem de um Deus totalmente bom – apesar de incomodado por um Satã mau dissociado – já não é viável. Em vez disso, uma nova imagem de Deus que está a realizar-se conscientemente é a de uma união paradoxal de contrários; e com ela, acontece uma cura da divisão metafísica que caracterizou todo o *éon* cristão.

Isto é o que potencialmente pode acontecer. Contudo, o processo de transformação da imagem de Deus pode ocorrer somente se os participantes humanos estiverem *conscientes* do que está acontecendo, porque a consciência é a instância de transformação para Deus e para o homem. Não há, naturalmente, nenhuma transformação da imagem de Deus se terminarmos com nada mais que um montão de ruínas e um grupo de selvagens tendo de fazer novamente a laboriosa escalada para a civilização. No entanto, a imagem de Deus pode encarnar-se de uma maneira que evita a destruição em massa se houver suficientes indivíduos conscientes do drama arquetípico que se está desdobrando diante de nós.

Devo partilhar com o leitor que, em minha opinião, a transformação da imagem de Deus é, no final das contas, certa: porque uma pessoa, Jung, já compreendeu o que está acontecendo. Creio que, em princípio, isso é tudo o que é necessário para se obter, finalmente, um resultado positivo (mas então, "finalmente" pode ser muito tempo). Em todo caso, minha hipótese permanece, ou seja, a dimensão do processo coletivo destrutivo dependerá de quantos outros indivíduos possam alcançar o nível de consciência de Jung. Quantos serão necessários para que se alcance essa massa crítica que fará a diferença? O Livro do Apocalipse alude ao número "144.000" – mas não se pode saber o que tal número simbólico significa literalmente.

Voltemos, um pouco mais em um nível pessoal, ao comentário de Jung em *Resposta a Jó*, e perguntar o que significa dizer:

> Como lhe foi posto nas mãos [da humanidade] um poder por assim dizer divino, ele não pode mais continuar cego e inconsciente. Deve conhecer a natureza de Deus e o que se passa no interior da metafísica, a fim de compreender-se a si mesmo, chegando deste modo ao conhecimento de Deus (OC 11/4, § 747).

O que significa ter uma compreensão dos "processos metafísicos" e "gnose do Divino"? Como podemos aplicar tais frases às nossas próprias vidas pessoais? Creio que a resposta é importante para toda análise profunda – ou seja, para a análise que deveras vai às "profundidades". Toda análise profunda é um "apocalipse" em miniatura: o indivíduo experimenta um conflito de opostos (de um ou de outro tipo), a frustração de sua resolução, derrota, desmoralização ou desespero – levando a um debilitamento ou paralisia do fluxo da libido (como se houvesse uma "destruição do próprio mundo", a partir do qual a "civilização" consciente tem de começar tudo de novo). Todas estas experiências são acontecimentos sintomáticos comuns anteriores a e durante a análise. Contudo, se tiver de acontecer a cura e se a vida tiver de prosseguir em plenitude, a natureza da situação deve ser compreendida. É preciso encontrar o *significado*; o penoso processo, em si, deve ser considerado como significativo. E assim, tais questões surgem naturalmente no trabalho analítico: "O que está acontecendo aqui? Por que isso me acontece? Onde fica a responsabilidade? E o que isso significa?"

No estudo da própria história de vida pessoal – retrocedendo através dos traumas da experiência do início que constitui grande parte de nossos complexos pessoais –, podem ser encontradas respostas superficiais para tais questões. E se o método basta para oferecer significado suficiente que cura, então que seja. Contudo, muitas vezes não funciona, e é preciso ir mais profundamente. É, então, que finalmente se pode chegar ao si-mesmo, à imagem paradoxal de Deus de que Jung trata tão exaustivamente em *Resposta a Jó*. As experiências que se têm naquele encontro, o conhecimento que se obtém no processo é o que Jung quer indicar com "gnose do Divino". E quando isso é alcançado, a neurose está, finalmente, curada.

Estas mesmas situações aplicam-se em vasta escala coletiva à medida que a humanidade começa a viver acontecimentos apocalípticos mundiais. Surgem estas mesmas questões: "Por que isso está acontecendo? Quem é o responsável? O que significa tudo isso?" E tais questões assumem crescente urgência quanto mais desesperadoras as circunstâncias se tornam. Em contraste com o processo consciente de individuação, as respostas a estas questões são tratadas coletivamente em fenômenos regressivos em grande escala: o retorno atávico a fundamentalismos religiosos; a desintegração de estruturas sociais complexas e a reversão a arranjos sociais mais primitivos; maciças projeções coletivas de sombra que levam a guerras faccionais e à violência de todos os tipos em todos os níveis sociais (da família à gangue da vizinhança, e até o nível nacional); e mediante difuso desespero que leva ao aumento de suicídios e a todo tipo de vícios. Em geral, ocorre uma desintegração das estruturas sociais e psíquicas e dos valores que têm sido a arquitetura da psique coletiva – não mais "contida" por um mito religioso operante. E vejo estas tendências como estando potencialmente tão difusas, que criam imensas ondas de contágio psíquico, com tendência a contagiar até mesmo aqueles que poderiam, de outra sorte, ter consciência suficiente para resistir-lhes. Grandes humores psíquicos coletivos têm enorme poder de contágio.

Pinto este quadro terrível, como pano de fundo, a fim de repetir o que acredito ser um possível fator mitigador. Em meio a esse horrendo estado de coisas, é bem possível que a mensagem de Jung – tal como a apresenta em *Resposta a Jó* – finalmente capte a atenção de muitos membros da sociedade para fazer chegar sua mensagem à visão geral, de modo que ela obtenha algum debate, pelo menos, além do modesto público leitor deste livro. Se isso fosse ocorrer, as pessoas poderiam começar a obter um vislumbre do significado do tumulto coletivo que todos temos de suportar. Talvez determinado número suficiente da minoria criativa começasse a acolher a ideia de que está em curso uma vasta e histórica "transformação de Deus", e que a provação é o evento "sacrificial" necessário para realizar tal transformação. Em outras palavras, conforme o faz Jung em *Presente e futuro*: "Vivemos no kairós da 'transfiguração dos deuses', dos princípios e símbolos fundamentais. Essa preocupação do nosso tempo, que não foi conscientemente escolhida por nós, constitui a expressão do homem inconsciente em sua transformação interior" (OC 10/1, § 585).

Por fim, aqui estão dois sonhos que acredito expõem simbolicamente muitos desses pontos. O primeiro veio-me de um adulto enquanto eu estava dando aulas sobre o "Arquétipo do Apocalipse":

> O sonhador estava em uma sala que era muito branca, iluminada e maior do que a sala a que ele se referiu. E uma cinza branca, fina, uma poeira pulverulenta começou a infiltrar-se pelas portas e janelas, posto que a sala estivesse firmemente fechada. Alguém disse que considerável soma de dinheiro havia sido gasta para impermear a sala e expressou a perda, uma vez que o esforço havia malogrado. E eu sabia que a cinza viera de um teste com bomba atômica em Nevada; e senti-me frustrado pelo fato de o governo ter retomado os testes, e fiquei preocupado com meu próprio bem-estar, com o dos gatos e de outros. Tentamos varrer a cinza radioativa, mas me afligia com a ideia de que já tivesse contaminado tudo. (Ao despertar, senti uma assustadora perda de controle.)

O segundo é da coleção de Hill, tido por uma menina de dez anos de idade, o qual apresento como um tipo de amplificação do primeiro, para ver se algum significado "brilha" mediante a semelhança entre eles:

A televisão e o rádio estavam zumbindo e derretendo. Uma serpente, que deslizou da televisão, disse: "A razão por que você está vendo tudo isso é porque é o começo de uma guerra nuclear". Era a serpente da paz.

Comecei a procurar a serpente quando a Bomba explodiu. Eu e algumas outras crianças éramos os únicos que restavam. Não havia adultos com vida.

Eu e meus amigos tivemos de pegar as partes das casas desintegradas e construir novo abrigo. Enquanto eu estava procurando madeira, encontrei a serpente da paz, mas ela estava morta. Cavamos um profundo buraco onde enterramos a serpente, e construímos nossa casa sobre ele.

À noite, sopraram um pó azul-prateado e um pó rubro-negro. Pensamos que era um pó bom, mas acabou por revelar-se pó radioativo. Ele recobriu a casa. Uma criança, que nos havia ajudado a construir o abrigo, morreu. Mais tarde, outras crianças morreram, de modo que tínhamos um pequeno cemitério.

Na noite seguinte, soprou um pó branco cintilante. Pensávamos que era um pó ruim, também, mas não era. Infiltrou-se em nossa casa. Havia uma grande pilha dele perto do buraco onde enterráramos a serpente da paz. Ouvimos essas palavras murmurantes, saindo do buraco e dizendo: "Coloquem um pouco desse pó branco no buraco e vocês me curarão. É pó da paz". Assim o fizemos.

Naquela noite, ela tornou-se uma bela serpente grande, com todas essas cores diferentes, e enroscou-se por toda a casa. Sempre que estava para acontecer uma tempestade radioativa, ela nos avisava.

Veio uma tempestade de paz que fez a serpente crescer e cobriu o chão com pó branco, semelhante a espessa neve. Descobrimos que, se colocássemos um pouco do pó da paz em nossos pratos, teríamos frutas e coisas para comer. E quando ele derreteu, dissolveu o pó radioativo consigo.

Quando o pó da paz se dissipou, havia uma grande flo-
resta e algumas casas e pessoas. Vários animais selvagens
circulavam por ali e não tinham medo das pessoas. Não
havia grandes edifícios ou apartamentos. A serpente da paz
tornou-se nosso animal de estimação (Hill, 1994, p. 137s.).

Há diversos motivos nestes sonhos, mas se focalizarmos
a imagem do "pó branco", que lhes é comum, produzido por
alguma explosão atômica ou nuclear – o que, conforme observei, é uma característica comum dos sonhos apocalípticos
modernos – então, testemunhamos, em ambas as instâncias,
a atitude de resistência do ego onírico à sua "chegada". No
sonho do adulto, porém, a cinza branca radioativa é decididamente negativa, ao passo que no sonho da criança, seu valor é
ambíguo – sem dúvida, no final das contas, o material perigoso
neste segundo sonho é chamado de "pó da paz". Realmente
importa muito como se interpretam estas questões, a depender
da idade pessoal do sonhador. O sonhador pode estar em um
estágio posterior da vida quando se exige mais assimilação da
sombra – caso em que a vinda de ainda mais "brancura" teria
uma implicação negativa, objetivamente.

Contudo, se analisarmos de modo geral, podemos dizer que
"pó" pertence ao símbolo alquímico de *sublimatio*. "Pó branco", então, é terra branca "folheada", em termos alquímicos: é
a terra que foi triturada tão intensamente que se aproxima do
estado de um gás – tornando-se fumarenta, matéria vaporosa
suspensa no ar. Psicologicamente, se está a lidar com entidades
"terrestres" (as entidades terrestres "nojentas", representadas
pela prostituta da Babilônia no Livro do Apocalipse) que foram
submetidas a provações da vida real de um ou de outro tipo.

Quando a imagem é especificamente "cinza", é devido à provação alquímica da *calcinatio*, que é um incandescente processo de espiritualização. Mas, se olharmos novamente para ambos os sonhos, é evidente que a estranha substância apocalíptica do "pó branco" – qualquer que seja o significado – *insiste* em tornar conhecida sua presença. Os sonhos deixam claro que alguém não pode isolar-se hermeticamente dele; não há escapatória. De fato, "cinza branca radioativa" representa acontecimentos fora do ego que exigem a atitude consciente de abrir-se para eles, de aceitá-los de alguma forma, se alguém quiser sobreviver.

Repito o princípio, mais uma vez, de que a imagem do "Apocalipse" significa desastre para o *indivíduo* somente se o ego estiver alienado e antagônico em relação às realidades que o si-mesmo está trazendo à consciência. Nesse momento é que o arquétipo do Apocalipse deve manifestar-se catastroficamente. Contudo, se o ego estiver aberto e cooperar com a "vinda do si-mesmo", a mesma imagem pode significar, conforme Jung o expõe, um estender-se do homem para o homem todo. Os acontecimentos apocalípticos descritos no Livro do Apocalipse são iminentes. O livro de Jung, *Resposta a Jó,* se pudermos assimilá-lo, oferece-nos o *significado* de tais eventos. Certamente, Jung pensou que sua compreensão de tais questões era digna dos melhores esforços para comunicar: "Acho que é melhor estar preparado para a grande catástrofe do que pensar que ela não acontecerá e que poderemos continuar no estado de sonolência de nossa imaturidade" (Jung, 2002, vol. 3, p. 221).

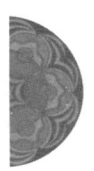

Apêndice I

História de um caso de possessão pelo Arquétipo do Apocalipse: David Koresh

Parece-me que precisamos de uma nova categoria mediante a qual possamos compreender pessoas que estão possuídas pelo arquétipo do Apocalipse. Frequentemente elas mostram características do louco e do criminoso, naturalmente; no entanto, são possuídas por dinamismos transpessoais, arquetípicos, que são inerentemente religiosos. Chamemo-los de "zelotas"[45]. Para demonstrar explicitamente o que pode significar para alguém ser possuído dessa forma, chamo a atenção do leitor para a vida de Vernon Howell, também conhecido como David Koresh. O leitor pode lembrar-se de que, na primavera de 1993, ele foi a figura central no noticiário nacional e internacional que girava em torno da pequena cidade de Waco, Texas: sua seita apocalíptica estava em guerra com agentes federais ali. No entanto, tratar esta pessoa como um histórico de paciente é difícil, visto que não há muita informação clínica disponível – os autores têm outros interesses, e devem-se reunir fragmentos ao longo do caminho (Breault & King, 1993). Entretanto, sabemos

---

45. Nota do editor: cf. a carta inédita do autor sobre o tema "terrorismo" no "Prefácio do editor".

realmente que Vernon Howell teve uma infância problemática. Nasceu em 1959, de uma mãe de 14 anos de idade, a quem ele não conheceu até os cinco anos. Em seus primeiros anos, foi criado por uma tia, e pensava que ela era sua mãe, até que – em um dia chocante – a mãe biológica chegou e anunciou: "Não, eu sou sua mãe". O pai de Vernon esteve ausente desde o início e jamais apareceu. É preciso lembrar que quando alguém perde determinadas experiências vitais de relacionamento na infância, significará que o indivíduo foi privado da oportunidade de encarnar ou de personalizar aqueles arquétipos. Uma figura parental completamente ausente deixa um tipo de "buraco" na psique, através do qual podem fluir energias brutas, *não intermediadas*, do arquétipo original; e veremos o que aquele fluxo não intermediado fará a Vernon. Posteriormente, apareceu no cenário da família um padrasto punitivo. Na escola, o menino parece ter demonstrado deficiência de aprendizagem, visto que era ridicularizado pelas outras crianças, que o chamavam de "retardado, retardado!" Meninos mais velhos também o sodomizaram.

Mas, então, havia a avó. Pertencia à Igreja Adventista do Sétimo Dia – uma denominação fundamentalista que enfatiza o retorno ou o "advento" iminente de Cristo no Fim do mundo. É essencialmente apocalíptica em seu foco. E esta avó levou regularmente consigo Vernon à igreja desde a idade de seis anos aproximadamente. Tinham um bom relacionamento, e o menino começou a estudar intensamente a Bíblia.

Nos anos finais da adolescência de Howell e no início dos seus vinte e tantos anos, houve um período de perdição bunyanesca[46]. Sofria de uma grave compulsão à masturbação, seguida

---

46. Alusão a John Bunyan (1628-1688), autor de *O peregrino* [N.T.].

de profundo sentimento de culpa – indicando que ele experimentava a dissociação cristã da libido sexual de maneira particularmente marcante. Assumiu trabalhos aleatórios. Depois, aconteceu algo sobre o qual não temos nenhuma informação: Vernon Howell passou de modo bastante repentino de um estado de dissociação concernente ao poder e aos impulsos sexuais à identificação com eles. Entrou em contato com um grupo dissidente dos Adventistas do Sétimo Dia, chamados Ramo Davidiano, e inseriu-se no meio deles – gradualmente assumindo o controle sobre eles com jogos de poder muito inteligentes, sabendo exatamente o que estava fazendo![47] E no processo de tornar-se o inquestionável líder carismático do grupo, ele não só satisfez sua motivação de poder, mas também saciou suas compulsões sexuais. Ele declarava como sua própria esposa – sob o comando de Deus – qualquer mulher no grupo que lhe agradasse, juveníssima ou simplesmente desimpedida, ou já casada com um de seus fiéis seguidores. Pode-se ver prontamente que esta é uma situação inteiramente diferente – psicologicamente – daquela do estado inicial de uma

---

47. Nota do editor: Embora cristãos, os Adventistas do Sétimo Dia se creem descendentes espirituais de Davi, o rei ideal de Israel, baseados em Is 11,1s: "Um broto [ou ramo] sairá do tronco de Jessé, e um rebento [ou um novo ramo] brotará de suas raízes. Sobre ele repousará o espírito do SENHOR" (Is 1,1s.) – tal ramo ou galho é identificado como Jesus Cristo. Quando um movimento de reforma se desenvolveu dentro da denominação em 1929, eles simplesmente se chamaram "davidianos" para distinguir-se dos outros Adventistas do Sétimo Dia. Quando uma reforma ainda mais radical ocorreu entre os davidianos em 1955 (em parte devido a profecias não cumpridas do fim do mundo), eles assumiram o nome "Ramo Davidiano", terminologia que não nega sua herança Adventista do Sétimo Dia. Com este grupo é que Vernon Howell fez contato no Texas, em 1981 (Pitts, s.d.).

ruptura dissociada, acompanhada pela psicologia de vítima e culpa pela masturbação. Contudo, a manifesta "integração" da pulsão do sexo e do poder foi conquistada por meio de uma identificação quase psicótica do ego com o si-mesmo.

Howell desenvolveu uma completa possessão pelo arquétipo do Apocalipse. Ele estava convencido de que Deus lhe havia revelado total compreensão do Livro do Apocalipse. De fato, ele estava empenhado em escrever um comentário sobre os "Sete Selos" quando os agentes armados da Agência de Álcool, Tabaco, Armas de Fogo e Explosivos invadiram seu complexo; ele concordou até mesmo em render-se quando tivesse terminado aquele trabalho. Mas, então, Vernon Howell já se tornara identificado com o "Cordeiro do Apocalipse". Em 1985, ele tivera uma visão durante uma viagem a Israel, na qual Deus lhe disse que ele era ninguém mais do que a reencarnação de Ciro – o rei persa que havia resgatado os israelitas do cativeiro babilônico: desse modo, ele mudou seu nome para "David Koresh", Davi, o rei arquetípico de Israel, e Koresh significando Ciro, em hebraico. Assim, dois anos mais tarde, em um convite de casamento, ele escreveria palavras que o leitor reconhecerá da escritura apocalíptica:

> Eu tenho sete olhos e sete chifres. Meu nome é a Palavra de Deus e cavalgo um cavalo branco. Estou aqui, na terra, para dar-lhes a mensagem do sétimo anjo. Subi do Leste com o selo do Deus vivo. Meu nome é Ciro, e estou aqui para destruir Babilônia (Breault & King, 1993, p. 1)[48].

A partir daquele momento, se não antes, David Koresh cultivou sua família de seguidores e exigia obediência absoluta.

---

48. Cf. Is 45,1s.: "Assim fala o SENHOR a propósito do seu ungido, Ciro: Tomei-lhe a mão direita para submeter as nações em sua presença".

Ele impunha dura punição por até mesmo pequenas infrações das regras e costumava cair em fúrias apaixonadas quando contradito – se criticado, reagia com uma combinação de intimidação pessoal e arrazoados teológicos. Havia sempre essa bizarra combinação do pessoal com o transpessoal. Ele, porém, havia dominado a Bíblia de tal forma em seus primeiros anos de conforto com sua avó (manifestamente é o que o manteve vivo), que agora era capaz de inúmeros, intermináveis, loucos, mas brilhantes sermões, que podiam durar toda a noite. E a mensagem pregada era sempre a de que o "Fim do mundo" estava prestes a acontecer. Temos aqui a ilustração de um exemplo típico de possessão pelo arquétipo do Apocalipse. E se alguém está possuído por tal arquétipo, este, inevitavelmente, conduz à catástrofe – porque a "catástrofe" está incorporada ao padrão arquetípico. O indivíduo assim possuído deve fazê-la acontecer a fim de completar a estrutura do arquétipo. Tragicamente, foi assim que Vernon Howell – também conhecido como David Koresh – chegou à sua morte no fogo à idade de 34 anos.

Acredito que o estudo de tais identificações com um arquétipo é válido para compreender a psique, visto que eles nos revelam a natureza do si-mesmo *irrealizado*. Conforme afirmei no começo deste livro, o arquétipo do Apocalipse significa essencialmente a "vinda do si-mesmo". Destarte, ser possuído por aquele arquétipo significa ser possuído por esse processo. Contudo, se o si-mesmo "chega" de forma inconsciente ou primordial, o processo manifesta-se como uma combinação paradoxal de opostos: é salvador e besta ao mesmo tempo. Sem dúvida, foi assim que Davi Koresh se comportou, ambas as coisas ao mesmo tempo; de outra sorte, não poderíamos explicar a lealdade de seus seguidores. Ele não era psicótico mediante critérios ordinários, nem sequer criminoso conforme definido comumente – para a frustração dos agentes governamentais. Em vez disto, este homem representa um novo fenômeno que é quase criminoso – quase psicótico, devido à possessão pelo arquétipo do Apocalipse. E isso significa, visto que um ego humano foi ultrapassado, que o indivíduo possuído está agindo de maneira "inumana". Precisamente por esta razão, é um estado psicológico que dá origem a um carisma que traz em si uma energia enorme! Melville dá-nos uma imagem extraordinariamente precisa do fenômeno na figura do capitão Ahab, em *Moby Dick*. Na história mais remota, Hitler é o exemplo proeminente do mesmo fenômeno psicológico claro e óbvio. Ele era simultaneamente "besta e salvador": salvador para seus amigos e uma besta para seus inimigos; e ele, também, pensava a si mesmo em termos religiosos.

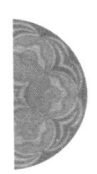

Apêndice II

O culto do Heaven's Gate[49]

O destino do grupo chamado "Heaven's Gate" [literalmente, Portão do Céu] e o dos seus líderes representa ainda outra manifestação da possessão pelo arquétipo do Apocalipse: essas trinta e nove pessoas disseram ter cometido suicídio coletivo em março de 1997, a fim de subir ao céu – à moda de um rapto voluntarioso – para escapar ao terrível fim do mundo. Tecnicamente, eles eram pré-tribulacionistas, acreditando que os escolhidos seriam "arrebatados" antes do fogo do Armagedom. E tal fato (não importa se o grupo tinha consciência dela) pode explicar satisfatoriamente o comportamento pacífico e bastante privado deles, que não provocou um confronto inflamável com o governo, como o fizeram os do Ramo Davidiano. Contudo, os líderes do Heaven's Gate realmente acreditavam que seriam martirizados pela besta do abismo, e se admiravam de que o mundo lhes prestasse tão pouca atenção; o líder masculino Marshall Applewhite, tendo esperado 24 anos por este resultado, pensou em provocar os poderes governamentais para obtê-lo, mas, em vez disto, escolheu a solução mais introvertida do sui-

---

49. Escrito pelo editor com a aprovação do Dr. Edinger.

cídio. Esta solução era, portanto, decididamente antibíblica, e a morte pelas próprias mãos não é sancionada pela teologia cristã.

Aqui encontramos o fato interessante de que o grupo do Heaven's Gate se encaixou e ao mesmo tempo não se encaixou no material do Livro do Apocalipse do Novo Testamento. Eles, porém, deveras ajustaram-se ao "padrão" ou ao arquétipo, e comprovam a opinião de Jung segundo a qual "arquétipos são determinados apenas quanto à forma e não quanto ao conteúdo" ainda que "preenchida com o material da experiência consciente" (OC 9/1, § 155). Quando os líderes do grupo, Bonnie Nettles e Marshall Applewhite, foram possuídos pelo arquétipo do Apocalipse por volta de 1972, identificaram-se com as "duas testemunhas" de Ap 11, onde lemos:

> Enviarei minhas duas testemunhas para profetizarem durante mil e duzentos e sessenta dias, vestidas com roupa de penitência". Elas são as duas oliveiras e os dois candelabros que estão diante do Senhor da terra. Se alguém quiser prejudicá-las, sairá fogo de sua boca que devorará seus inimigos. De fato, é assim que deve morrer quem desejar fazer-lhes mal. Elas têm poder de fechar o céu, para a chuva não cair durante a sua missão profética. E têm poder sobre as águas para que virem sangue e ferir a terra com toda espécie de pragas, quantas vezes quiserem. Quando elas tiverem terminado de dar o seu testemunho, a besta que sobe do abismo lhes fará guerra. Ela as vencerá e as matará. Os seus cadáveres ficarão expostos na praça da grande cidade, que simbolicamente se chama Sodoma e Egito, onde também o seu Senhor foi crucificado. Durante três dias e meio, gente de vários povos, tribos, línguas e nações verão os cadáveres e não permitirão que sejam sepultados. Os habitantes da terra vão alegrar-se por isso, darão os parabéns e presentes uns

aos outros, porque estes dois profetas eram um tormento
para os habitantes da terra. Depois de três dias e meio, um
sopro de vida veio de Deus, penetrou neles e fez com que
ficassem de pé. Pavor imenso tomou conta dos que viram
o fato. Ouviram então uma voz forte do céu que lhes dizia:
"Subi para cá". Eles subiram para o céu numa nuvem, e
seus inimigos os viram subir (Ap 11,3-12).

Em uma carta de 1973, depois de uma estadia de diversos
meses, Applewhite escreveu:

O tempo no "deserto" finalmente acabou. Durante aquele
tempo, aprendi o significado de separação [sic] de todos
os apegos, conceitos, posses [sic] paixões & até mesmo de
si mesmo. As palavras e o exemplo de Jesus assumiram
seu verdadeiro sentido, e depois de sofrimento muito
necessário – o "Big Daddy" [Paizão] revelou a Bonnie e a
mim nossa missão. Somos seus 2 castiçais ou candelabros,
suas 2 oliveiras" (Bearak, 1997, p. 1).

Aqui observamos uma identificação total com um conteúdo
do Livro do Apocalipse, embora, curiosamente, carecendo dos
poderes destrutivos associados às "duas testemunhas" – poderes
que aparentemente permaneceram inconscientes, mas que
se manifestariam como a obediência absoluta exigida de seus
seguidores, inclusive até à morte. Quando presos por fraude
de cartão de crédito e roubo de carro de aluguel, "As Duas" –
completamente desumanizadas – costumavam argumentar que
o Senhor da Escritura vem como um "ladrão durante a noite".
Em outra carta, Applewhite escreveu: "Tudo bem, prepare-se
para alguns fatos difíceis: Nosso Pai NÃO é o Pai 'doce' e amável
conforme pensávamos" (Bearak, 1997, p. 10). Em consonância
com o Livro do Apocalipse, os membros do Heaven's Gate acreditavam na iminente segunda vinda e até mesmo conservavam

a crença um tanto obscura do Apocalipse de que a raça humana
é a experiência de "jardinagem" do Senhor. O jornal *Newsweek*
relatou a visão deles, segundo a qual:

> Há muito tempo, os deuses criaram um "Reino do Céu"
> físico, em algum lugar entre os corpos celestes mais vi-
> síveis do céu. Sob instruções dos deuses, esses habitantes
> do Reino "plantaram" humanos como uma experiência
> de jardinagem no planeta terra. De quando em vez, "Re-
> presentantes" do Reino viriam fazer "depósitos de almas"
> nessas plantas humanas, preparando-as para o transplante
> a que *Dó* chamava "o Nível acima do Humano". Quando
> chegava o tempo da colheita – no final de uma "era" – um
> Representante costumava usurpar um corpo humano,
> instruía um grupo dos eleitos e os levava de volta ao céu
> interplanetário deles (Woodward, 1997, p. 41).

Embora, de fato, bíblica, esta afirmação é também obviamente produto da moderna ficção científica – ambas são,
em última instância, produtos da psique, expressando o
arquétipo do Apocalipse. Neste exemplo da "devoração" dos
egos humanos por parte do arquétipo, encontramos certa
liberdade na interpretação da Bíblia (Nettles foi educada como
batista, Applewhite era filho de um pastor presbiteriano),
pelo que as "duas testemunhas" renomearam a si mesmas
mais anonimamente como "As Duas" ou – mais jocosamen-
te – como "Guiné e Porco", "Bo e Peep" ou como as notas
da escala musical, "Dó e Si". A "nuvem" da ressurreição no
Apocalipse era interpretada pelo Heaven's Gate de maneira
moderna como um ovni ou uma nave espacial pilotada por
seres alienígenas superiores que viviam, sim, no "Reino de
Deus", porém mais precisamente e menos emocionalmente
em "O Nível Acima do Humano".

Psicologicamente, este grupo aguardava e até mesmo contava com a chegada de conteúdos "alienígenas" da psique inconsciente que os introduziriam no "próximo nível" de realização psicológica. Contudo, eles estavam inconscientemente possuídos pelo arquétipo daquela realização e, portanto, eram incapazes de ver o que realmente estava em jogo. Nettles, Applewhite e seus seguidores – que significativamente somariam quarenta, ao todo – eram movidos por uma ação concreta (e, portanto, destruidora) de um processo interior que tencionava ser criador. "Logicamente", seguiu-se que Si, que morreu inesperadamente de câncer em 1985, estaria voltando em uma nave espacial no rastro do enorme cometa Hale-Bopp, recentemente descoberto, a fim de se reunir a seu parceiro Dó e ao rebanho deles. Como se fosse a "estrela" miraculosa testemunhada pelos magos nos evangelhos há 2.000 anos, o cometa tornou-se a "sinalização" que encorajou Applewhite, agora aos 66 anos de idade e visivelmente se enfraquecendo, "a tomar as coisas em suas próprias mãos".

Tal como fizemos com Vernon Howell, podemos perguntar-nos a respeito da realidade pessoal por trás de toda essa atividade arquetípica impessoal. Os líderes do Heaven's Gate – Bonnie Nettles e Marshall Applewhite – nasceram no Texas, respectivamente em 1927 e 1932, de pais cristãos. Cada um casou-se convencionalmente no começo dos seus vinte e poucos anos, cada um teve filhos; começaram respeitáveis e exitosas carreiras – Nettles em enfermagem e Applewhite em música. Mas, na turbulenta década de 70, a enfermeira mostrou sinais de não se ajustar à educação batista sulista: abraçou a adivinhação e a astrologia, e até mesmo conversas telepáticas regulares com um monge chamado "Irmão Francisco", morto no século XIX.

Durante esse mesmo período, Applewhite, professor de voz, começou a oscilar emocionalmente – sendo hospitalizado a certa altura, presumivelmente devido ao conflito de ser homossexual ou bissexual em uma sociedade (e em uma família cristã) que não podia aceitar tais realidades. E, mesmo assim, como se em compensação por tal sofrimento, ele teve uma visão na qual sentiu que havia recebido uma "tutoria particular do Senhor". Um amigo conta: "Ele disse que um ser sobrenatural lhe havia dado todo o conhecimento de onde a raça humana viera e aonde estaria indo" (Bearak, 1997, p. 10). Em 1972, Nettles, recém-divorciada, que estava familiarizada com os espíritos, encontrou Applewhite, que havia sido divorciado durante anos, mas apenas recentemente havia encontrado o mundo dos espíritos: e os dois – depois de algumas viagens juntos – tornaram-se "As Duas" do Apocalipse.

Parece claro que a dissolução do "contentor" da religião tradicional (cristianismo protestante) teve seu efeito sobre as personalidades de Bonnie Nettles e Marshall Applewhite. O contentor já não podia limitá-los como seres humanos reais que estavam tateando, embora ineficazmente, rumo a um novo *éon*, com novos conteúdos; e as energias religiosas de suas almas – ativadas pelas circunstâncias pessoais complicadas, quando não, talvez, por seus destinos – fluíram para afluentes inadequados. A identificação deles com tais energias, porém, fê-los exercer uma atração irracional para seus seguidores. A filha de Nettles relata que, depois da trajetória inicial deles juntos, "... eles eram como ímãs [...] Tinham esse poder inacreditável. De repente, senti-me privilegiada por estar ao redor deles" (Bearak, 1997, p. 10). Dick Joslyn, ex-membro do Heaven's Gate, teve a mesma reação quando conheceu As Duas em um encontro: "Eu sei que vocês não são charlatães [...] Isso significa que ou vocês são o que dizem ser, ou são absolutamente loucos" (Bearak, 1997, p. 11)[50]. Escritores de um livro realizaram testes de estresse vocal nos líderes e concluíram que não havia nenhuma deliberada indução ao erro, que eles "acreditavam no que estavam dizendo". No entanto, tais conclusões pessoais tornam anda mais trágico o fato de nossa cultura carecer de uma categoria satisfatória – uma categoria psicológica – na qual situar um comportamento anormal como o do Heaven's Gate. Possessão pelo arquétipo do Apocalipse; porém, oferece uma explicação.

---

50. Este mesmo raciocínio tem sido usado para verificar a reivindicação de Jesus de ser o Filho de Deus: ou ele era (1) um impostor e mentiroso, (2) ou louco, ou (3) estava dizendo a verdade. (4) A quarta possibilidade é que sua convicção sincera, "verdadeira", derivava da identificação com o arquétipo.

 Referências

Aguiar, S.S. & Albertim, A.L. (2019). Tradução do "Hino a Vênus", no proêmio do De rerum natura. *Revista de Estudos Clássicos e Tradutórios 7*(2), 29-35.

Agostinho (1950). *The city of God*. Modern Library; Random House.

Basham, A.L. (1954). *The wonder that was India*. Grove.

Bearak, B. (1997, 28 abr.). Eyes on glory: Pied pipers of Heaven's Gate. *New York Times*, p. 1.

Bernstein, L. (1971). *Mass: A theatre piece for singers, players, and dancers.*

Bíblia Sagrada (2002). (50. ed.). Vozes.

Bíblia de Jerusalém (2002). Paulus.

Brandon, S.G.F. (1967). *The judgment of the dead: The idea of life after death in the major religions*. Scribner's.

Breault, M., & King, M. (1993). *Inside the cult*. Signet; Penguin.

Butler, J.M., & Numbers, R.L. (s.d.). Seventh-day Adventism.

In Eliade. *The Encyclopaedia of Religion* (vol. 13, p. 179-183).

Charles, R.H. (1913). *Apocrypha and pseudepigrapha of the Old Testament in English* (2 vols.). Oxford University Press.

Charles, R.H. (1920). The Revelation of St. John. (2 Vols.) In S.R. Driver, et al. (Eds.), *The international critical commentary*. T and T Clark.

Cohn, N. (1993). *Cosmos, chaos, and the world to come: The ancient roots of apocalyptic faith*. Yale University Press.

Collins, J.J. (s.d.) "Apocalypse: An overview". In Eliade, *The Encyclopaedia of Religion* (vol. 1, p. 334-336).

CNN. (1995, 23 abr.) *Televised coverage of the "Oklahoma City Memorial Service"*. [Reportagem televisiva].

Douglas, J.D., &. Tenney M.C (Eds.). (1989). *NIV Compact Dictionary of the Bible*. Zondervan.

Edinger, E.F. (1965). Ralph Waldo Emerson: Naturalist of the Soul. *Spring*, 77-99.

Edinger, E.F. (1966). *The new God-image: A study of Jung's key letters concerning the evolution of the western God-image*. (D. D. Cordic & C. Yates, Eds.). Chiron.

Edinger, E.F. (1968). An outline of analytical psychology. *Quadrant, 1,* 1-12.

Edinger, E.F. (1972). *Ego and archetype: Individuation and the religious function of the psyche*. C.G. Jung Foundation for Analytical Psychology.

Edinger, E.F. (1983). In conversation with Edward F. Edinger.

Psychological Perspectives, 14.

Edinger, E.F. (1984). *The creation of consciousness: Jung's Myth for Modern Man.* Inner City Books.

Edinger, E.F. (1985). *Anatomy of the psyche: Alchemical symbolism in psychotherapy.* Open Court.

Edinger, E.F. (1986a). *Encounter with the Self: A Jungian commentary on William Blake's "Illustrations of the Book of Job".* Inner City Books.

Edinger, E.F. (1986b). *The Bible and the psyche: Individuation symbolism in the Old Testament.* Inner City Books.

Edinger, E.F. (1987). *The Christian archetype: A Jungian commentary on the life of Christ.* Inner City Books.

Edinger, E.F. (1990a). *Goethe's "Faust": Notes for a Jungian commentary.* Inner City Books.

Edinger, E.F. (1990b). *The living psyche: A Jungian analysis in pictures.* Chiron.

Edinger, E.F. (1991). *An American Jungian: Edward F. Edinger in conversation with Lawrence Jaffe. Part 1 – "Personal life and development"* [por Dianne D. Cordic].

Edinger, E.F. (1992). *Transformation of the God-image: An elucidation of Jung's "Answer to Job".* (L.W. Jaffe, Ed.). Inner City Books.

Edinger, E.F. (1994a). *The eternal drama: The inner meaning of Greek mythology* (D. A. Wesley, Ed.). Shambhala.

Edinger, E.F. (1994b). *The mystery of the coniunctio: Alchemical image of individuation.* (J. D. Blackmer, Ed.). Inner City Books.

Edinger, E.F. (1994c). *Transformation of libido: A Seminar on C.G. Jung's "Symbols of transformation"*. (D. D. Cordic, Ed.). C.G. Jung Bookstore.

Edinger, E.F. (1995a, mai.). *Carta disponibilizada ao editor desta obra*.

Edinger, E.F. (1995b). *Melville's Moby-Dick: An American Nekyia* (2. ed..). Inner City Books.

Edinger, E.F. (1995c). *The mysterium lectures: A journey through C.G. Jung's "Mysterium coniunctionis"* (J. D. Blackmer, Ed.). Inner City Books.

Edinger, E.F. (1996). *The Aion lectures: Exploring the Self*. In D.A. Wesley (Ed.), *C.G. Jung's "Aion"*. Inner City Books.

Elder, G.R. (1996). *The body: An encyclopaedia of archetypal symbolism*. Shambhala.

Eliade, M. (Ed.). (1987). *The Encyclopaedia of Religion*. Macmillan.

Eliot, T.S. (1963). *Collected poems: 1909-1962*. Faber and Faber.

Emerson, R.W. (1940). Compensation. In B. Atkinson (Ed.), *The selected writings of Ralph Waldo Emerson*. Modern Library.

Ford, J.M. (1975). *Revelation*. Doubleday.

Gaer, J. (1966). *The lore of the Old Testament*. Grosset and Dunlap.

Gilmour, S.M. (1971). The Revelation to John. In C. M. Laymon (Ed.). *The interpreter's one-volume commentary on the Bible* (p. 945-968). Abingdon.

Glatzer, N.N. (1971). *The essential Philo*. Schocken.

Gonzalez, D. (1995, 6 mai.). Day 17 at blast site: Hope ends and healing begins. [Reportagem]. *The New York Times*.

Graham, B. (1995, 23 abr.). Discurso no serviço memorial da cidade de Oklahoma. [Reportagem televisiva]. *CNN*.

Handel, G.F. (1742). *Messiah*.

Hegel, G.W.F. (1953). *Reason in history: A general introduction to the philosophy of history*. Bobbs-Menill.

Hill, M.O. (1994). *Dreaming the end of the world: Apocalypse as a rite of passage*. Spring.

Jonas, H. (1963). *The gnostic religion*. (2. ed..). Beacon.

Jung, C.G. (1963). *Memories, dreams, reflections*. (A. Jaffé, Ed.). Vintage.

Jung, C.G. (1975). *Letters*. (G. Adler & A. Jaifé, Eds.; 2 vols.). Princeton University Press, 1975.

Jung, C.G. (1977a) *C.G. Jung speaking: Interviews and encounters*. (W. McGuire & R.F.C., Eds.). Princeton University Press, 1977.

Jung, C.G. (1977b). *Collected Works*. (20 Vols.). Princeton University Press.

Jung, C.G. (1986). *Memórias, sonhos, reflexões*. Nova Fronteira.

Jung, C.G. (2002). *Cartas*. (2. ed..; 3 vols.). Vozes.

Jung, C.G. (2011a). *Símbolos da transformação: Análise dos prelúdios de uma esquizofrenia*. (7. ed.). Vozes [OC 5].

Jung, C.G. (2011b). *Os arquétipos e o inconsciente coletivo*. (7. ed.). Vozes [OC 9/1].

Jung, C.G. (2011c). *Aion – estudo sobre o simbolismo do si--mesmo*. Vozes [OC 9/2].

Jung, C.G. (2011d). *Presente e futuro*. (6. ed.). Vozes [OC 10/1].

Jung, C.G. (2011e). *Psicologia e religião*. (9. ed.). Vozes [OC 11/1].

Jung, C.G. (2011f). *Resposta a Jó*. (8. ed.). Vozes [OC 11/4].

Jung, C.G. (2011g). *Psicologia e alquimia*. (5. ed.). Vozes [OC 12].

Jung, C.G. (2011h). *Estudos alquímicos*. (2. ed..). Vozes [OC 13].

Jung, C.G. (2011i). *Misterium coniuctionis: investigação acerca da separação e da reunião dos opostos anímicos na alquimia*. (2. ed..; 3 vols.). Vozes [OC 14].

Jung, C.G. (2011j). *A prática da psicoterapia: Contribuições ao problema da psicoterapia e à psicologia da transferência*. (13. ed.). Vozes [OC 16/1].

Jung, C.G. (2011k). *Desenvolvimento da personalidade*. (11. ed.). Vozes [OC 17].

Jung, C.G. (2012). *O símbolo da transformação na missa*. (7. ed.). Vozes [OC 11/3].

Kluger, R.S. (1967). *Satan in the Old Testament*. Northwestern University Press.

Koenig, J. (s.d.) Hospitality. In Eliade. *The Encyclopaedia of Religion*. (Vol. 6, p. 470-473).

Larousse Encyclopaedia of Mythology. (1959). Prometheus.

Lucrécio (1979). *Of the nature of things*. Dutton; Everyman Library.

McGinn, B. (1994). *Antichrist: Two thousand years of the human fascination with evil*. HarperCollins.

McGinn, B. (1987). Revelation. In R. Alter & F. Kermode (Eds.), *The literary guide to the Bible*. The Belknap Press of Harvard University Press (p. 523-541).

Milton, J. (1962). *Paradise lost: A poem in twelve books*. (M. Y. Hughes, Ed.). Bobbs-Merrill.

Otto, R. (1950). *Idea of the Holy*. Oxford University Press.

Orígenes (1966). *On first principles*. Harper and Row.

Orígenes (2012). *Tratado sobre os princípios*. Paulus.

Pascal, B. (1958). *Pascal's pensées*. Dutton.

Patai, R. (1979). *The Messiah texts*. Wayne State University Press.

Perry, J.W. (1966). *Lord of the four quarters*. Macmillan.

Fílon de Alexandria (1929). *Philo* (vol. 1.). Loeb Classical Library.

Pitts, W.L., Jr. (s.d.). Davidians and Branch Davidians: 1929-1987. In Wright, *Armageddon in Waco* (p. 20-42).

Platão (1949). *A República*. (15. ed.). Calouste Gulbenkian.

Platão (2011). *Górgias*. Perspectiva; Fapesp.

Plato. (1961). The Republic and The Gorgias. In E. Hamilton & H. Cairns (Eds.), *The collected dialogues of Plato: Including the letters*. Princeton University Press, p. 575-844 e 229-307.

Quispel, G. (1979). *The secret book of revelation*. McGraw-Hill.

Speight, R.M. (s.d.) Creeds: An overview. In Eliade, *The Encylopedia of Religion* (Vol. 4, p. 138-140).

The Apocryphon of John (1988). In M.R. James (Ed.), *The Nag Hammadi Library* (p. 104-123). Harper and Row.

Stroup, H.H. (s.d.) Jehovah's Witnesses. In Eliade, *The Encyclopaedia of Religion* (vol. 7, p. 564-566).

Tabor, J.D. (1995). Religious discourse and failed negotiations: The dynamics of biblical apocalypticism at Waco. In S.A. Wright (ed.), *Armageddon in Waco: Critical Perspectives on the Branch Davidian Conflict* (p. 263-281). University of Chicago Press.

Tabor, J.D. (s.d.). Religious discourse and failed negotiations. In Wright, *Armageddon in Waco* (p. 263-281).

Virgílio (1935). *Eclogues, Georgics, Aeneid I-VI*. Loeb Classical Library.

Virgílio (1965). *The Aeneid of Virgil* (R. Fitzgerald, Ed.). Macmillan.

Von Franz, M.-L. (1964). The process of individuation. In C.G. Jung (Ed.), *Man and his symbols* (p. 157-254). Dell.

Von Franz, M.-L. (1966). *Aurora consurgens*. Pantheon.

Von Franz, M.-L. (1975). C.G. *Jung: His myth in our time*. C.G. Jung Foundation for Analytical Psychology.

Von Franz, M.-L. (1980). *Projection and re-collection in Jungian psychology: Reflections of the soul.* Open Court.

Westcott, W.W. (1984 [1890]). *Numbers: Their occult power and mystic virtues.* New Castle.

Woodward, K.L. (1997, 7 abr.). Christ and comets. *Newsweek*, p. 40-43.

Wright, S.A. (Ed.). (1995). *Armageddon in Waco: Critical perspectives on the branch Davidian conflict*. University of Chicago Press.

Zeller, M. (1975). *The dream: The vision of the night.* (J. Dallett, Ed.). The Analytical Psychology Club of Los Angeles; The C.G. Jung Institute of Los Angeles.

Zeller, M. (1975, spring). The task of the analyst. *Psychological Perspectives 6*.

Autorizações

Agradecemos a autorização para o uso das seguintes ilustrações: *São João, o Evangelista de Patmos* (fig. 0.1). Os Irmãos Limbourg. Tirado de *Les Très Riches Heures du Duc de Berry*. Ms. 65/1284, f. 108v. Museu Condé, Chantilly. Giraudon/Art Resource, Nova York. *A Visão de São João de Cristo e dos Sete Candelabros* (fig. 2.1). Albrecht Dürer (1471-1528). Xilogravura tirada de *O Apocalipse de São João* (Ap 1,12-16), 1498 (B. 62) Willi Kurth, *Xilografias Completas de Albrecht Dürer*. Dover Pictorial Archive Series (Nova York: Dover, 1963). *A chave de Davi e a Porta Aberta* (fig. 2.5). Iluminura tirada de *The douce Apocalypse* (Ms. Douce 180, p. 9), século XIII. Cortesia da Biblioteca Bodleian, Departamento de Coleções Especiais e de Manuscritos Ocidentais, Universidade de Oxford. *Agnus Dei* (O Cordeiro de Deus) (fig. 3.1). Século XI-XII. Detalhe do afresco da abside da Igreja de São Clemente de Taüll. Museu Nacional de Arte de Catalunha, Barcelona. *Alegoria* (fig. 3.2). Jan Provost (1465-1529). Século XVI. Louvre, Paris. Scala/Art Resource, Nova York. *E meu Servo Jó intercederá por vós* (fig. 3.3). William Blake (1757-1827). *Livro de Jó*, locus 18. Biblioteca Pierpont Morgan, Nova York. *Diagrama do Setenário Alquí-*

mico (fig. 4.1). C.G. Jung, *Obras Completas de C. G. Jung*, vol. 14, § 8. Direitos autorais da Princeton University Press, 1959. Reproduzido com a permissão da Princeton University Press. *Os Quatro Cavaleiros do Apocalipse* (fig. 4.2). Albrecht Dürer. Xilografia tirada de *O Apocalipse de São João* (Ap 6,1-7), 1498. (B. 64). Local não indicado. Foto Marburg/Art Resource, Nova York. *A Abertura do Quinto e do Sexto Selo, a Distribuição das Vestes Brancas entre os Mártires e a Queda das Estrelas* (fig. 4.3). Xilografia tirada de *O Apocalipse de São João* (Ap 7,1-3). 1498. (B. 65) Kurth, *Xilografias Completas de Albrecht Dürer*. *Selagem dos Santos* (fig. 4.4). Bíblia. N. T. Alemão. 1522. *Das Neue Testament Deutsche*. Wittenberg, 1522, folha 2b2(v.). Cortesia da Divisão de Livros Raros, Biblioteca Pública de Nova York; Astor, Lennox e Fundações Tilden. *Pintura de uma paciente mulher* (fig. 5.2). C.G. Jung, *Obras Completas de C.G. Jung*, vol. 9/1, § 525 (quadro 2). Direitos autorais da Princeton University Press, 1959. Reimpressão com a permissão da Princeton University Press. *O Abismo Aberto e a Emersão dos Gafanhotos*. Bíblia. Alemão, 1943. Bíblia: *Das ist: Die ganze Heilige Schriften...* Wittenberg, 1543, folha CCCLX® (*KB+1543). Cortesia da Divisão de Livros Raros, Biblioteca Pública de Nova York; Astor, Lennox e Fundações Tilden. *São João devora o livro de Deus que lhe foi apresentado* (fig. 5.4) Albrecht Dürer. Xilografia tirada de *O Apocalipse de São João* (Ap 10,1-5.8-10), 1498. (B. 70). Biblioteca Nacional, Paris. Giraudon/Art Resource, Nova York. *Uma Tempestade, a Mulher e o Dragão* (fig. 6.1). Iluminura do manuscrito Norman, cerca de 1320. *Apocalipse em Latim*. Cortesia do Museu Metropolitano de Arte, Nova York. *A Coleção dos Claustros*, 1968. (68.174 20r). *Beemot e Leviatã* (fig. 6.2). Aquarela tirada de *O Livro de Jó*.

Biblioteca Piermont Morgan, Nova York. Biblioteca Piermont Morgan/Art Resource, Nova York. *A Queda de Satã* (fig. 6.3). William Blake. Aquarela tirada de *O Livro de Jó*. Biblioteca Piermont Morgan, Nova York. Biblioteca Piermont Morgan/ Art Resource, Nova York. *O monstro marinho e a besta com os chifres do Cordeiro* (fig. 6.4). Albrecht Dürer. Xilografia tirada de *O Apocalipse de São João* (Ap 13,10-13; 14,14-17), 1498. (B. 74). Biblioteca Nacional, Paris. Giraudon. Art/Resource, Nova York. *Marcados pela Besta* (Figura 6.5). Iluminura. Ms Auct. D.4.14. Fol. 36(v). Cortesia da Biblioteca Bodleian, Oxford. *Inferno* (fig. 7.1). Os Irmãos Limbourg. Tirado de *Les Très Riches Heures du Duc de Berry*. Ms. 65/1284, f. 108v. Museu Condé, Chantilly. Giraduon/Art Resource, Nova York. *Dragões vomitando rãs* (fig. 7.2). Miniatura do Liber Floridus, século XV. Museu Condé, Chantilly, França. Giraudon/Art Resource, Nova York. *A Prostituta da Babilônia* (fig. 8.1). William Blake. Aquarela. Cortesia do Departamento de Impressões e Desenhos, Museu Britânico, Londres. *O Segundo Anjo* [Destruição de Babilônia] (fig. 8.2). Iluminura tirada do manuscrito Norman, *Apocalipse em Latim*, cerca de 1320. Cortesia do Museu Metropolitano de Arte, Nova York. Coleção dos Claustros, 1968 (68.174 26v). *Cristo*, detalhe de *O Último Julgamento* (fig. 9.1). Michelangelo Buonarroti. Capela Sistina, Palácio Vaticano, Estado do Vaticano. Alinari/Art Resource, Nova York. *Pesando o Coração* (fig. 9.2). Antiguidades Egípcias, Museu Britânico, Londres. (EA 10470, folha 3). *A Nova Jerusalém* (fig. 10.1). Gustave Doré (1832-1883). Gravura de *La Sainte Bible* (Ap. 21,9-27). 1865 (tábua 241). *The Doré Bible: Illustrations*. Dover Pictorial Archive Series (Nova York: Dover, 1974).

Índice

J

Jacó 62, 79

Jardim do Éden/ Paraíso 63, 160, 223, 226

Jerônimo 21

Jerusalém 74, 114, 126, 133, 195, 196s., 206
Cf. tb. Nova Jerusalém, cidade

Jó (personagem bíblica) 93 (fig. 3.3), 155, 158, 159, 233
provação de Jó 159s., 238
Cf. tb. Bíblia (Livro de Jó), Jung (Resposta *a Jó*)

João, autor do Apocalipse 5 (fig. 0.1), 6, 41, 46, 54, 109, 145, 150, 152, 170

João Batista 41, 86

jogos. *Ver* esportes

Judeus 138; *cf. tb.* nomes de figuras bíblicas
lenda judaica 134, 160s., 226
apocalíptica judaica 36s., 41, 63, 109, 157; *cf. tb.* Bíblia
Holocausto judaico 160

Juízo, Final 29, 35, 44, 89, 157, 169, 203-217, 218, 210 (fig. 9.1), 216 (fig. 9.2)
e consciência da sombra 35
Cf. tb. justiça; equilíbrio; vida após a morte

Jung, C.G. 13, 69, 159, 183, 190, 201, 232, 238s., 246, 254
sua visão do novo mundo 15
a respeito da vinda do anticristo 13
a respeito da assimilação do mito tradicional 16, 41
a respeito da autoria do Apocalipse 41
a respeito dos arquétipos 26, 107
a respeito da psicologia de grupo 61
obras de: *Aion* 88, 153, 233; *Resposta a Jó* 15, 27, 51, 106, 109, 120, 149, 159, 169s., 175, 224, 228, 237; – importância

M

Maat 215

mandala 36, 81, 101 (fig. 4.1), 127, 161, 173, 198s., 222s.

mão 144, 158, 170, 180

Maomé 163

mar de vidro. *Cf.* vidro

marca. *Cf.* selo

marcionitas 14

Maria, Mãe de Jesus 147

mártir/ martírio 62, 94, 112 (fig. 4.3), 119s., 168

matéria 77, 189

espírito e matéria 55, 191

cf. tb. princípio feminino, terra

medida 106, 145s., 217, 219

Mefistófeles 154

Melville, Herman 16, 252

Messias 28, 29, 66, 88, 118, 119; *cf. tb.* Cristo

definido 80

banquete messiânico. *Cf.* alimento

Michelangelo 208s., 210 (fig. 9.1), 214

Milton, John 152

minoria criativa ("resto salvífico") 16, 242

cf. tb. números ("144.000"); consciência (valor salvífico da)

mito

grego 41; *cf. tb.* cultura grega

judaico–cristã 36

viva 78

Cf. tb. psicologia da contenção

mônada 82, 198

Moisés 123, 127

morte 68, 89, 102, 133; *cf. tb.* vida após a morte, eternidade, julgamento

Mulher Sol-Lua 146-151, 148 (fig. 6.1), 191

música 79

N

Napoleão Bonaparte 163

natureza 189, 193

e divisão do espírito; *ver* espírito

O

Coleção Reflexões Junguianas
Assessoria: Dr. Walter Boechat

Conecte-se conosco:

f facebook.com/editoravozes

@editoravozes

@editora_vozes

youtube.com/editoravozes

+55 24 2233-9033

www.vozes.com.br

Conheça nossas lojas:

www.livrariavozes.com.br

Belo Horizonte – Brasília – Campinas – Cuiabá – Curitiba
Fortaleza – Juiz de Fora – Petrópolis – Recife – São Paulo

  Vozes de Bolso

EDITORA VOZES LTDA.
Rua Frei Luís, 100 – Centro – Cep 25689-900 – Petrópolis, RJ
Tel.: (24) 2233-9000 – E-mail: vendas@vozes.com.br